近江から日本史を読み直す

今谷 明

講談社現代新書

1892

はじめに

さざ波の国つみかみのうらさびて
荒れたる都《みやこ》 見れば悲しも（『万葉集』高市黒人《たけちのくろひと》）

近江を詠んだ歌一首を掲げるとすれば、私は躊躇《ちゅうちょ》なく右の歌をあげよう。高校生の頃から愛吟して今に至っている。志賀の廃都とそれをとりまく風光が、この歌とともに心にしみ入ってくる。

専門の日本中世史をやっていると、近江の重要さというものは、いやでも認識させられる。近江は、松尾芭蕉もいうように、日本の「東西の巷《ちまた》」であり、古代から地政学の要《かなめ》の位置にあった。古代・戦国の時代には首都が置かれ、また経済的にはつねに奈良・京都・大坂の穀倉であった。つまり、近江史を書くことは、すなわち日本通史を著すのと同じ意味なのである。

近江は〝近つ淡江《あふみ》〟の意で、浜名湖のある遠江に対し、「近江」の字を宛てる。字義は湖の国の意で、近江にすでに湖国の意味があるのだ。

琵琶湖は太古の地殻変動で比良山や丹波高原が隆起したときに波及してできたといわ

れ、一見、交通の障害をなしているように見える。しかし、鉄道の発達した現代はいざしらず、古代・中世には、この湖水は一大交通機能の役割を果たした。北陸の物資は塩津まで運ばれて湖水を一気に航して坂本に陸揚げされた。日本で最初の米市場は近江の坂本に置かれた。これは、東国・湖東の物資が坂本に集中し、その後、大消費地である京都に向かったことを表している。また、坂本は叡山《えいざん》の門前町であり、中世には流通経済を叡山の山僧が動かしていたことをも示す。このように、物資の輻輳《ふくそう》を可能にしたのが湖水であり、この有利な位置が、進取に富む近江人の気風を育《はぐく》んだともいえよう。

ともあれ、この〝さざ波の国〟にみなさんをご案内し、歴史を語ってみたいと思う。

目次

第二章　中古

第五章　安土桃山期

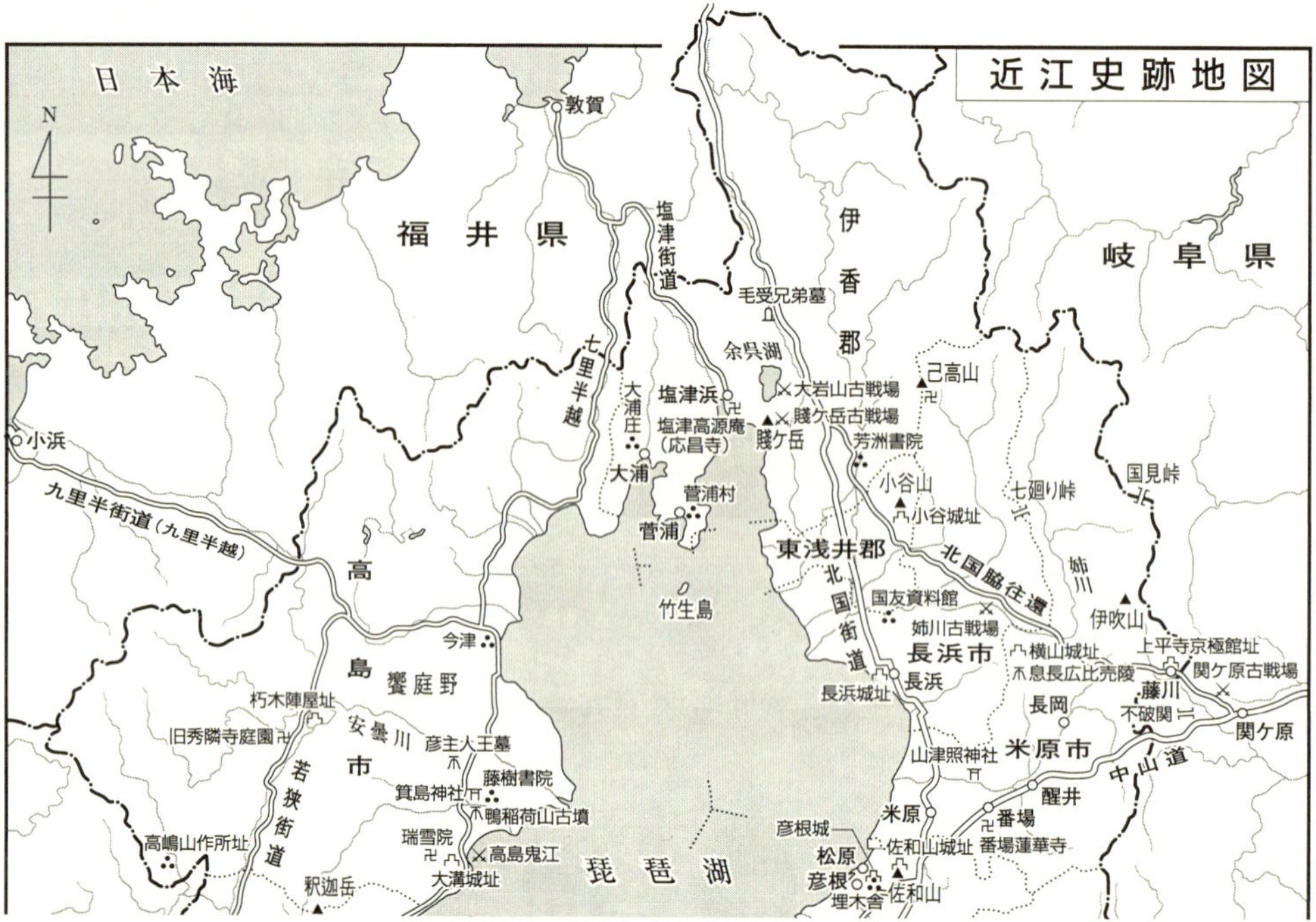

近江史跡地図
日本海
N
福井県
岐阜県
敦賀
小浜
九里半街道（九里半越）
七里半越
塩津街道
伊香郡
毛受兄弟墓
余呉湖
大岩山古戦場
賤ケ岳古戦場
己高山
塩津浜
大浦庄
塩津高源庵（応昌寺）
賤ケ岳
芳洲書院
大浦
菅浦村
菅浦
小谷山
小谷城址
七廻り峠
国見峠
東浅井郡
北国脇往還
北国街道
高
竹生島
国友資料館
姉川
伊吹山
姉川古戦場
今津
長浜市
横山城址
上平寺京極館址
関ケ原古戦場
息長広比売陵
藤川
島
饗庭野
長浜
長浜城址
朽木陣屋址
長岡
不破関
関ケ原
安曇川
旧秀隣寺庭園
彦主人王墓
山津照神社
米原市
中山道
若狭街道
市
藤樹書院
醒井
箕島神社
鴨稲荷山古墳
番場
米原
彦根城
瑞雪院
高島山作所址
高島鬼江
松原
佐和山城址
番場蓮華寺
大溝城址
琵琶湖
彦根
佐和山
釈迦岳
埋木舎

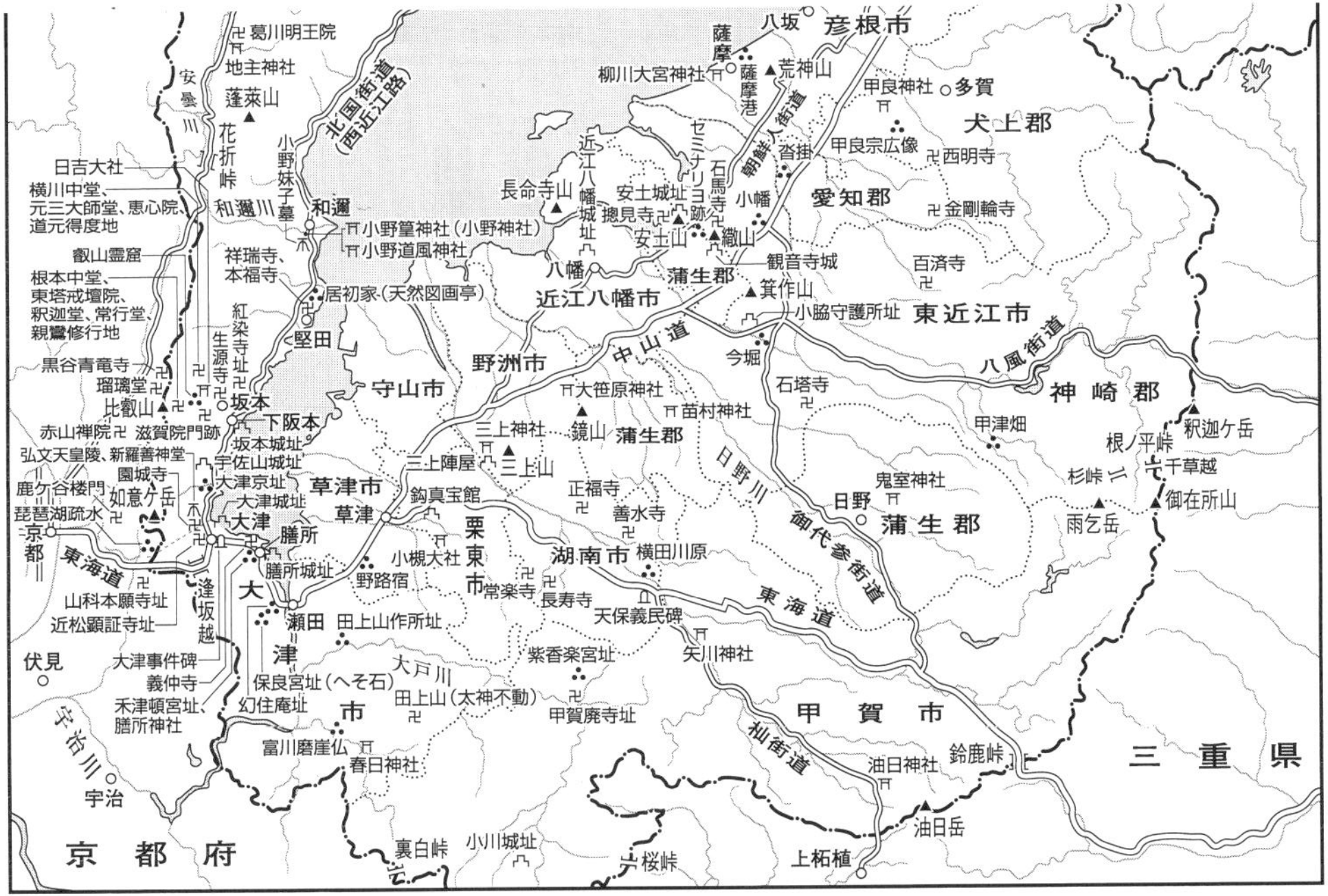
彦根市
八坂
薩摩
薩摩港
荒神山
柳川大宮神社
多賀
甲良神社
犬上郡
甲良宗広像
西明寺
沓掛
朝鮮人街道
愛知郡
小幡
金剛輪寺
石馬寺
セミナリヨ跡
安土城址
摠見寺
安土山
繖山
観音寺城
百済寺
長命寺山
近江八幡城址
八幡
近江八幡市
蒲生郡
箕作山
小脇守護所址
東近江市
八風街道
今堀
石塔寺
神崎郡
釈迦ケ岳
甲津畑
根ノ平峠
千草越
杉峠
御在所山
雨乞岳
日野
鬼室神社
蒲生郡
御代参街道
日野川
東海道
北国街道(西近江路)
葛川明王院
地主神社
安曇川
蓬莱山
花折峠
小野妹子墓
和邇
和邇川
日吉大社
横川中堂、元三大師堂、恵心院、道元得度地
叡山霊窟
根本中堂、東塔戒壇院、釈迦堂、常行堂、親鸞修行地
黒谷青竜寺
瑠璃堂
比叡山
赤山禅院
滋賀院門跡
小野篁神社(小野神社)
小野道風神社
祥瑞寺、本福寺
居初家(天然図画亭)
紅染寺址
生源寺
堅田
坂本
下阪本
坂本城址
宇佐山城址
大津京址
大津城址
守山市
野洲市
中山道
大笹原神社
苗村神社
鏡山
蒲生郡
三上神社
三上山
三上陣屋
草津市
草津
鈎真宝館
弘文天皇陵、新羅善神堂
園城寺
鹿ケ谷楼門
如意ケ岳
琵琶湖疏水
京都
東海道
大津
膳所
膳所城址
栗東市
小槻大社
野路宿
正福寺
善水寺
湖南市
横田川原
常楽寺
長寿寺
天保義民碑
山科本願寺址
近松顕証寺址
逢坂越
大
津
市
瀬田
田上山作所址
大戸川
紫香楽宮址
矢川神社
伏見
大津事件碑
義仲寺
保良宮址(へそ石)
幻住庵址
禾津頓宮址、膳所神社
田上山(太神不動)
甲賀廃寺址
甲賀市
杣街道
鈴鹿峠
三重県
宇治川
宇治
富川磨崖仏
春日神社
油日神社
油日岳
京都府
裏白峠
小川城址
桜峠
上柘植

第一章　古代

紫香楽宮跡遺跡（聖武天皇奠都の跡）。おびただしい巨木が出土している

1 〝新王朝〟継体天皇から聖徳太子へ——三尾の里・息長の里・小野神社

混乱する皇統

近江は、天皇（大王）家の成立と深くかかわっている。のちに「継体《けいたい》天皇」と呼ばれる人物がこの近江から誕生するのである。

戦前まで、この継体天皇の出自についてうんぬんすることはタブーであった。そんななかにあって昭和三年（一九二八）、京都大学教授だった喜田貞吉は継体の即位について、「普通の場合にもって律しがたいことが甚だ多い。（中略）遠く天皇が越前より迎えられて、大統をつぎ給うたということが、すでに異数の事実であった」と述べている。

この〝異数の事実〟を伝える『日本書紀』の六世紀前半部分についての記述態度は、実に印象的である。武烈《ぶれつ》天皇の悪逆非道を強調して、この王統断絶の必然性を強く示唆し、継体天皇から始まる政府が新王朝であることを言外にほのめかしている。

武烈天皇崩御後の皇位継承については、まず丹波桑田郡（京都府亀岡市付近）に居住する仲哀《ちゅうあい》天皇の五世孫（仲哀は応神天皇の父）、倭彦王《やまとひこおう》を擁立しようとして失敗し、その結果、迎えたのが応神《おうじん》天皇の五世孫、男大迹王《をほどおう》（継体）であったと『書紀』は記している。
しかし、『書紀』には応神天皇から継体の父・彦主人王《ひこうしおう》の間の三代については名を伝えていない。なにより、皇統の由緒を伝えるべき『書紀』としては奇妙なことである。加えて、先に血筋の遠い仲哀五世孫を迎えようとした点が矛盾する。倭彦王擁立は、『書紀』編者が、継体による皇統簒奪《さんだつ》を隠蔽《いんぺい》しようとした作為的な曲筆ではないかと、史家に疑われるゆえんである。

また、推古朝期（六世紀末～七世紀初）に成立したとされる『上宮記逸文《じょうぐうきいつぶん》』には、継体の先祖の名を列挙しているが、それによると継体は垂仁《すいにん》天皇の六世孫、継体の母・振媛《ふりひめ》も垂仁の七世孫としている。『上宮記』が継体の祖とする「ホムツワケ」を応神天皇（ホムタワケ）とする説もあるが、垂仁の子「ホムツワケ」に比定するのが通説である。

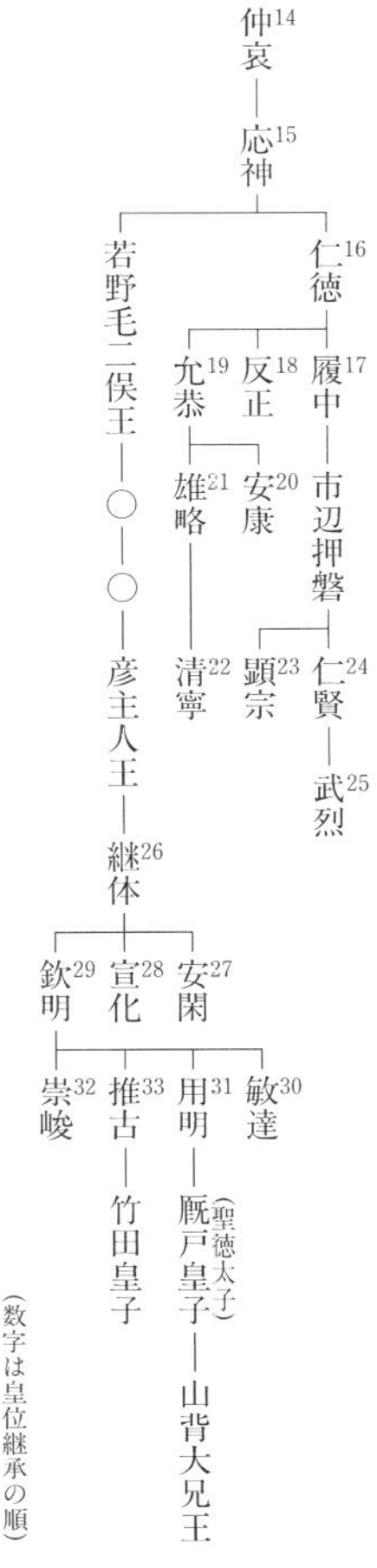

古代天皇系譜

以上の点がすべて史実であるとすると、継体天皇ははじめ「三輪大王家（垂仁）の末裔《まつえい》」と称し、八世紀初の『記紀』の編纂《へんさん》段階で「応神五世孫」とすり替えられたことになる。まことに奇々怪々というほかない。

さて継体誕生の事情について、『書紀』は次のように書く。

振媛が（中略）媺色《びしょく》有りといふことを聞きて、近江国の高嶋郡の三尾《みお》の別業《べつごう》より、使を遣して（越前）三国の坂中井《さかない》に聘《むか》へて、納《めしい》れて妃としたまふ。遂に天皇を産む

父の彦主人王は近江高島にいて、越前から振媛を迎えたのである。つまり、越前三国はあくまで継体の母の実家があった地で、かつ継体の養育地ということになる。加えて、『書紀』は継体の諸妃九人の出身地を伝えているが、三尾、息長《おきなが》、坂田など九夫人のうち過半の五妃が近江との関係が深いことを表している。以上のことから、継体天皇の父祖の出身地が近江であったらしいということは、かなり有力な説であるといえよう。

二十年がかりの大和入り

戦後、直木孝次郎氏（大阪市立大学名誉教授）は、神武東征伝説を継体の征服事業の反映

であるとし、男大迹王のイメージについて「風を望んで北方より立った豪傑の一人」ときわめて具体的に踏み込んで推測した。

また『書紀』によれば、天皇が即位したのは五十七歳の高齢であって、河内の樟葉《くすは》（枚《ひら》方《かた》市）に都したという。そして五年後に山城の筒城《つつき》（京田辺市）に遷都、七年後には山城の弟国《おとくに》（向日《むこう》市、長岡京市）に都した。こうして大和の磐余《いわれ》（桜井市南西部）に入ったのは即位後二十年のことである。それまで、天皇でありながら中心地大和に入ることができず、周辺を転々としていたことになる。これは大和の有力豪族ら抵抗勢力があって、継体の大和入りに強く反発していたことをうかがわせる。また、継体、安閑《あんかん》天皇父子の陵が大和でなく摂津や河内にあることも、継体の大和遷都に抵抗した勢力の存在を示唆するだろう。

近江の高島郡（現在の高島市）には、継体天皇の遺跡と称する場所が多い。JR湖西線安《あ》曇《ど》川《がわ》駅のすぐ西南方の延喜式内社・箕島《みのしま》神社付近を「三尾の別業」に比定する説が有力である。

またそこから北へ、旧安曇川町役場から西北に行った山麓に田中山王塚古墳がある。これが宮内庁で彦主人王墓に比定している陵墓で、杉並木の坂を登ると正面突き当たりにマウンドがある。もちろん発掘は行われていないが、円墳との見方もある。

ただし、箕島神社の南側、鴨川の南岸にある鴨稲荷山古墳も、彦主人王周辺の人物の墓

鴨稲荷山古墳の家型石棺。二上山で採れる凝灰岩で作られ、被葬者と大和、河内との深い関係をうかがわせる

地として有力視されている。

一九二三年に京都大学の浜田耕作らの調査が行われ、全長約四十五メートルの前方後円墳から、大和二上山の白色凝灰岩製の家型石棺が発見された。そこには金銅製の冠や沓《くつ》、鏡など豪華な副葬品が納められていた。

いずれにせよ、埋葬者は継体擁立に功績のあった在地首長で、六世紀前半に登場した豪族、つまり三尾氏の族長の一人と考えられている。露出した石棺は覆屋の中にあり、ガラス越しに見ることができる。

継体天皇を出した？一族

さて、継体の出身地が近江であるとした場合、具体的に、どの氏族から出てきたのだろうか。近江の有力氏族といっても、そう多くはない。その中で、皇統系図に頻繁に現れる「息長《おきなが》氏」という豪族がある。大津市在住の古代史家、岡田精司氏の分析によると、皇統系図中の息長氏は次の四グループに分けられる。

（一）開化天皇（第九代）の皇子・日子坐王《ひこいますおう》の妃に息長水依比売《みずよりひめ》

（二）日子坐王の曾孫に息長宿禰《すくね》王、その娘がのち神功《じんぐう》皇后となった息長帯比売《たらしひめ》

（三）倭建命《やまとたけるのみこと》の子に、息長田別王、その孫の息長真若中比売《まわかなかひめ》が応神天皇妃

（四）出身不明の息長真手《まて》王《おう》の娘が麻組郎女《をくみのいらつめ》で継体天皇の妃

このように、天皇家の系譜中に、「息長」の名を冠した名が頻繁に見られる理由について、国文学者や歴史学者は、息長氏による「系譜の架上」があったと推測している。系譜の架上とは、先祖に向かって上へ上へ系図をかさ上げすることをいう。要するに、息長氏は六〜七世紀ごろ、皇親としての立場を利用し、天皇家と有力氏族らの系図類の架上を意図的、政策的に行ったというのである。

さらに踏み込んでいうと、『記紀』編纂の少し前、天武・持統朝ごろに、息長氏は宮廷伝承に自家の系譜を持ち込み、はめ込んでいる。そんなだいそれたことが可能であったのは、息長氏が継体に始まる新王朝の出身氏族だったという以外には考えられないからであるという。

継体天皇が、真実に「応神天皇の五世孫」であったのか、はたまた、まったく天皇家とは無関係の近江の一族であったのかは説が分かれ、定説がない状況である。ただ、いずれにしても、継体の擁立にあたって、息長氏や三尾氏など、近江の有力氏族の力が働いたことは否定しがたい事実とみてよいのではあるまいか。先に紹介した鴨稲荷山古墳(高島市)の豪華な副葬品などは、この時期の「近江豪族の実力」が一気に上昇したことを物語っているからである。

息長の地はどこに?

では、息長氏の地盤はどこにあったのだろうか。湖東地方の旧坂田郡近江町(米原市)には中世、「息長庄」と呼ばれる東大寺領の荘園があったことが知られている。また、近世には「息長村」の名も残っていたが、今はゲンジボタルの生息地として有名な天野川の北岸に、「米原市立息長小学校」として学校にその名をとどめるばかりである。

この息長の地は、JR米原駅の北東約二キロに位置し、琵琶湖を隔てた対岸は、ちょうど高島市の三尾の里になる。三尾に継体の父、彦主人王の別業(別荘)があったとの伝承は、まさに息長氏を継体の出身氏族とする説にふさわしいのである。

『古事記』によれば、敏達《びだつ》天皇の夫人・息長比呂比売《ひろひめ》(広媛)は、前述の息長真手王の娘とされているが、明治七年（一八七四）、政府が広媛陵と治定《じじょう》した古墳が旧山東町（米原市）村居田《むらいだ》にある。ここからは江戸時代に石室や遺物が確認されているが、現在の考古学的な見地からは五世紀代の古墳とされ、時代が合わない。

息長氏関連の奥津城《おくつき》（墓所）としてふさわしいのは、先の息長小学校にも近い山津照神《やまつてる》社境内にある前方後円墳、山津照神社古墳である。地元では神功皇后の父・息長宿禰王の墓と伝え、明治十五年（一八八二）、偶然、横穴式石室が発見され、金銅製の冠や馬具、鏡など豪華な副葬品が確認された（滋賀県指定文化財）。

考古学的には六世紀前半の築造とみられ、継体擁立の時代と合致している。また、古墳に伴う埴輪《はにわ》は石見《いわみ》型盾形埴輪に分類され、畿内、とりわけ大和との関連を強くうかがわせる。鴨稲荷山古墳の二上山産の石棺の存在とともに、近江のこの時期の豪族の政治的立場を示唆しているといえよう。

なお、古代の天皇がどの墓（古墳）に葬られたかは、『記紀』をはじめとする正史に場所が記されているが、時代がたつにしたがって混乱していった。幕末期、尊王思想の高まりとともに、奈良奉行や蒲生君平《がもうくんぺい》といった勤皇家が調査を行ったが、考古学が未発達な時代のことで、根拠は限られていた。

また、明治初年に至り、政府と宮内省は急いで天皇陵を治定したため、現在では誤っていると考えられるものも少なくない。その最たるものが継体陵と欽明陵であろう。宮内庁治定の継体陵は大阪府茨木市の太田茶臼山《おおだちゃうすやま》古墳だが、位置や築造年代から高槻市の今城塚《いましろづか》古墳こそ真の継体陵とみられる。同様に欽明天皇陵についても、見瀬《みせ》丸山古墳（奈良県橿原市）がそれと考えられている。

聖徳太子vs.煬帝

さて、継体天皇崩御後の混乱を欽明天皇が収拾したのもつかのま、欽明の末子の代に至って、崇峻《すしゅん》天皇が暗殺される（五九二年）という大事件が起こった。そのあとを受けて即位した推古天皇の摂政となった聖徳太子は、大王（天皇）を中心とする中央集権国家建設の必要性を痛感し、範を大陸に求め、隋の統治技術と文物を導入しようとした。その国書に、当時の日本としてはいささか背伸びして、

日出づる処の天子、書を日没する処の天子に致す。恙無《つつがな》きや

とやったものだから、隋の皇帝・煬帝《ようだい》の怒りを買い、「蛮夷の書、無礼なる者あり、復《また》以《もっ》て聞《ぶん》する勿《なか》れ」と記録された（『隋書倭国伝』）。しかし、当時の煬帝は高句麗への遠征を企

ており、日本と友誼を結んでおくことは敵への牽制に必要と考えたらしく、使節を追い返すことはなかった。「遠交近攻」(近い国を攻めるために、遠くの国と仲良くする政策)は外交の鉄則なのである。

この国書を携えた小野妹子は六〇七年に入隋し、翌年、隋の答礼使・裴世清《はいせいせい》とともに帰国した。その帰途、朝鮮半島南部の百済に立ち寄った際、煬帝の返書を紛失したエピソードが知られるが、これは煬帝の返書が受けられなかったためとも、返書の尊大な語句に困惑したためとも推測されている。

しかし、聖徳太子はこれをとがめず、同年、再び隋に妹子を派遣した。その後、帰国して大徳冠(第一階)に昇進しているから、彼の遣使は高く評価されていたのである。冠位十二階の制定は、この遣隋使による文物導入の成果の一つであった。

聖徳太子(厩戸皇子《うまやど》)は古代政治史上、傑出した政治家で、とくに仏教理解に天才的資質をあらわした。そして、その一族(山背大兄王《やましろおおえおう》)が蘇我氏に滅ぼされるという悲劇とも重なって、奈良時代以降、神格化して伝えられることになる。この傾向は、とりわけ寺社勢力の間で強まり、荒唐無稽な太子伝説も生まれた。

数年前、古代史学界でそうした太子像をはがそうとする「聖徳太子非実在説」が唱えられ、激しい論争が展開された。この種の論争になると、否定的結論のほうが論証しやすいため、非実在説側に力があったが、太子の事績をまるごと否定し去るのは矛盾も生じ、問題が多いだろう。

遣隋使・小野妹子の故郷

妹子を出した小野氏は、本拠地の小野が和邇《わに》と接することもあって、大和の豪族・和邇氏の一族かとも推測される。『新撰姓氏録《しんせんしょうじろく》』には、妹子が「近江滋賀郡小野村」に住したため小野臣を称したとある。しかし、『延喜式《えんぎしき》』神名帳《じんみょうちょう》の滋賀郡八座に、日吉《ひえ》社と並んで小野神社も名神大社《みょうじんたいしゃ》とされており、『続日本後紀《しょくにほんこうき》』承和元年（八三四）の条には、小野社春秋の祭礼に、五位以上の小野氏は官符を持たずに往還することを許されている。これらの点から、小野氏は和邇氏とはいちおう別個に、小野を本貫《ほんがん》（本拠地）とする土豪とみるのが有力な説である。

妹子の子・小野毛人《えみし》の墓は京都市左京区上高野の崇道《すどう》神社裏山にあり、金銅製の墓誌が出土し、国宝に指定されている。毛人は刑部大卿、孫の毛野《けの》は中納言に昇っている。また平安時代の参議・小野篁《たかむら》は妹子の末裔である。篁もやはり外交に通じ、遣唐副使に推されたが、拒否したため隠岐に流刑となった。「三蹟」の一人として有名な能筆家、小野道《とう》風《ふう》はその孫である。

妹子や小野氏の祖神を祀る小野神社は妹子の生まれた場所ともいわれ、ＪＲ湖西線和邇駅から南に約一キロの位置にある。境内には小野神社よりも立派な小野篁神社もあり、こちらの社殿は南北朝時代の暦応四年（一三四二）の建立で、国の重要文化財に指定されている。

興味深いことに、小野神社の南、約五百メートルには小野道風神社（重文）があり、この社殿も同じ暦応四年に建てられ、形式も三間社流造《さんげんしゃながれづくり》で共通している。また小野神社の北西約五百メートルにあって、牛頭《ごず》天王（スサノオノミコト）を祀《まつ》る天皇神社の社殿は鎌倉時代までさかのぼり、これほどの近距離に中世建築の名品が集中するのはきわめて珍しい。

小野道風神社からさらに五百メートルほど南下したところにある小高い丘が、妹子の墓と伝承されてきた唐臼山《からうすやま》古墳で、現在、一帯は小野妹子公園として整備されている。墳丘の盛土が流失しているため古墳の形は不明だが、扁平な板石が露出している。考古学的には古墳の終末期にみられる「箱型石棺状石室」と考えられ、七世紀前半の須恵器《すえき》も伴っていることから、時代的には妹子の墓であってもおかしくはないようだ。

公園の展望台からは、琵琶湖の眺望がすばらしい。妹子も若き日、湖面を行き来する船を眺めながら、外交官への夢をつむいだのだろうか。

2 白村江の戦いが残したもの――大津京跡・石塔寺

天智天皇の遷都

百済《くだら》と倭（日本）の連合軍が、唐・新羅連合軍の水軍に朝鮮半島西南部の白村江《はくすきのえ》で大敗したのは六六三年のことであった。これにより、斉明《さいめい》女帝の崩後、事実上、政治をとっていた中大兄《なかのおおえ》皇子（のちの天智天皇）の治下、日本は一大対外危機に陥った。唐と新羅の連合軍の来寇《らいこう》が予想されたからである。

客観的情勢からは、唐・新羅いずれも倭に侵攻する可能性は低かったものの、国内は〝国難〟の予感に脅かされ、朝野を挙げての国防体制が敷かれた。こうして北部九州から瀬戸内海沿岸、畿内にかけて朝鮮式山城（いわゆる神籠石《こうごいし》）が築かれ、河内の高安山上から飛鳥まで、変報が瞬時に伝達する施設が造られた。

神籠石と呼ばれる切石の巨石を積んだ遺構は、福岡、佐賀など北部九州と中国、四国などで確認されている。この神籠石については、歴史家の喜田貞吉は霊域をかたちづくったとする「霊域説」を唱え、以後、論争が起こった。しかし近年、白村江敗戦以後の防衛体制の研究が進み、発掘調査で対馬《つしま》金田城《かなたのき》や大宰府の水城《みずき》、讃岐の屋島城、高安城とつなぐ烽火《のろし》情報線が確認され、朝鮮半島に残る古代山城との共通性からも、百済の技術者を使って設けた城塞施設であることが確定した。

このような防備を施しても安心できない朝廷は六六七年、東国に近く、また同盟関係にあった高句麗との連絡にも便利な近江大津に都を遷《うつ》し、翌年、中大兄皇子は即位した。天智天皇である。もっとも「天下の百姓《ひゃくせい》、都遷すことを願わずして諷諫《ふうかん》する者多し」（『日本書紀』）と、遷都への抵抗も大きかった。

さいわいにして大陸との戦争は起こらず、天智天皇の治世は平和であった。また、天智の晩年には唐の使節も九州に往来して、日本来寇の恐れがないことも判明した。この時代には、日本最初の法令である「近江令《おうみりょう》」が編まれ、戸籍の「庚午年籍《こうごねんじゃく》」が編纂《へんさん》されるなど、中央集権国家への歩みを進めていった。

そして、天智天皇崩御後に勃発した壬申の乱（六七二年）のあと、都は飛鳥に戻り、近江京は廃都となった。これをきっかけに、大津京は「古津」と呼ばれるようになり、荒廃にまかされていたが、奈良朝末期に天智の孫・光仁《こうにん》天皇が即位し、その子・桓武《かんむ》天皇の代には「古津」を改めて「大津」と改称することが宣せられた。

結局、大津京が都として機能したのはわずか五年であった。にもかかわらず、湖国の美しい風光と荒都のイメージは歌人の郷愁と詩情をかきたてたようで、しばしば美しい歌に詠まれた。大津京の雅称「さざ波」と、湖畔の廃墟というのが、歌枕の条件によほどかなったようである。

荒れたる都見れば悲しも

江戸時代の享保十九年（一七三四）、膳所《ぜぜ》藩士・寒川辰清は『近江輿地志略《おうみよちしりやく》』を著して、錦織《にしこおり》村字御所之内《ごしょのうち》を大津京跡とする説を紹介した。明治三十年（一八九七）には、県知事、日吉《ひえ》大社宮司らの筆になる志賀宮址碑が現地に建てられた。さらに八十年近い歳月が流れ、昭和四十九年（一九七四）に錦織遺跡が発掘され、巨大な掘立柱建物跡が検出された。こうして県知事以下の推測が正しかったことが証明されたのである。

錦織遺跡は大津市錦織にあり、京阪石山坂本線近江神宮前駅のすぐ北西である。一号遺跡から十二号遺跡まで点在しているが、最も重要なのは中央の内裏《だいり》正殿跡だという。内裏南門も発掘され、これに先行する前期難波宮《なにわのみや》跡に近い復元案が示されたが、内裏南門以南ではほとんど遺構が見出されず、南門以南に朝堂を想定することは難しい状況となった。最近では、宮域が内裏南門より北に広がる伝飛鳥板蓋《いたぶき》宮跡IIIA期遺構（斉明天皇の時期の後飛鳥岡本宮）との共通点を重視する意見が出されている。

現在、錦織遺跡は住宅街の真ん中にあり、宮跡の全景は眺められない。少し小高い地点、たとえば日本美術を再発見した米国人アーネスト・フェノロサの墓のある三井寺《みいでら》（園《おん》城寺《じょうじ》）・法明院あたりに立って眺望したい。廃都から十数年がたった持統天皇の時代、この地を訪れ詠嘆した柿本人麻呂の長歌や、平忠度《ただのり》の藤原俊成に託した名歌が浮かんでこよう。

さざ波の国つみかみのうらさびて　荒れたる都見れば悲しも

本書冒頭でも触れた万葉歌人・高市黒人《たけちのくろひと》の絶唱は、たしかにいまなお、私たちを限りない郷愁と詩情にいざなってやまない。

阿育王塔の伝説

さて、白村江での敗戦による百済の滅亡を受けて、わが国は多くの百済系難民を受け入れた。『日本書紀』には天智天皇の八年（六六九）、百済の鬼室集斯《きしつしゅうし》ら七百余人が蒲生郡に移住したことがみえる。この地は当初、渡来系氏族の拠点の一つであったらしい。

伝承を含めて古墳時代以降、朝鮮半島からの移住は続いており、『日本書紀』は垂仁天皇の三年に、新羅の王子・天日槍《あめのひぼこ》（天之日矛）が神宝を携帯して日本に渡来したことを伝える。天日槍は玉や鏡などの宝物を献じた功績により、播磨の宍粟《しそう》と淡路に土地を与えられたが、宇治川をさかのぼって近江の阿名邑《あなむら》に至り、その一族は鏡村に住み着いて須恵器の陶工になったという。阿名については、竜王町綾戸の苗村《なむら》神社付近、草津市穴村町など諸説がある。穴村には安羅神社があり、現在でも天日槍祭が行われている。また鏡村は竜王町鏡、須恵付近とされ、須恵器窯跡（鏡山古窯群）も確認されている。

また、湖西地方には志賀漢人《あやひと》と総称される渡来人集団が住み、後漢の献帝《けんてい》の末裔であるとか、中国南朝系、百済系などであるとか、種々の見解が出されている。彼らの墳墓は独特の様式をもつほか、オンドルの施設を備えた住居跡などが発見されており、大陸の習俗を日本に持ち込んだ様子が浮かび上がってくる。

鬼室集斯は天智天皇に厚遇されて大津京で学者官人として活躍した後、蒲生郡の日野に隠棲したという。彼の墓と呼ばれる石碑は日野の北方に、鬼室神社とともに現存している。東近江市石塔《いしどう》町にある石塔寺の石造三重塔も、百済系の渡来人と密接な関係があるとされている。

この石塔は高さ約七・五メートル、三層の立方体と扁平な屋根からなる素朴なつくりで、奈良時代の作として国の重要文化財に指定されている。百済系渡来人の造立との説が有力であるが、高麗時代の様式との類似から十世紀以降の作との説もある。

ただし、寺に伝わる縁起はまったく異なり、インド・マウリヤ朝三代のアショカ王（阿育王）が領内に建立した八万四千基の塔婆の一つが日本に飛来したとある。『拾芥抄《しゅうがいしょう》』『元亨釈書《げんこうしゃくしょ》』など中央の記録にも記されていて、仏教界では阿育王塔説が永く信じられてきた（もちろん、様式的にも、この説は問題にならない）。

平安時代に入ると、石塔寺は聖徳太子の建立になる近江四十八寺の最後の寺（本願成就寺）とされた。恵心僧都《えしんそうず》源信の弟子・寂照が入宋《にっそう》して五台山で修行中に阿育王塔が日本に飛来し、近江にあるとの話を聞いた。寛弘三年（一〇〇六）、この話が一条天皇の耳に達し、天皇は勅使を派遣してこの地の豪族・野谷光盛が塔を土中から発掘した。以後、寺名を石塔寺と改め、七堂伽藍《しちどうがらん》を営んだと伝承されている。今も勅使の墓といわれるものが、三重塔のかたわらに残っている。

嘉応二年（一一七〇）、平信範が蒲生西郡石塔に参詣したというのが、史実としての石塔寺の初見であるらしい。『拾芥抄』は本朝五奇異の一つとして蒲生石塔を列挙し、平安末期以来参拝者が激増し、おりからの末法思想のもとで、自身の往生と追善供養のため、三重塔のまわりに小石塔がおびただしく配列された。その様子は京都の化野《あだしの》念仏寺を髣髴《ほうふつ》とさせる。

石塔寺の三重石塔。韓国に現存する石塔との類似性が指摘される

石塔寺への入口には、韓国忠清南道扶余《プヨ》郡場岩面との姉妹都市協定書の看板が掲げられている（高麗の長《チャン》蝦里《ガリ》三重塔と様式が酷似していることから、一九九二年に提携が行われた）。

境内に入り、百五十段余りの急な石段を登ると、端正な石塔が視界に飛び込んでくる。何千という小五輪塔の群れが、三重に塔を取り囲んでいる。実に不可思議な光景で、いにしえの人々が阿育王塔のイメージを抱いたのもよく理解できる。

石塔寺は天台宗に属し、戦国時代には織田信長の焼き討ちに遭った。江戸時代に入り、天海大僧正の指示で再興され、散乱していた石仏、石塔は昭和初期になって現在のようなかたちに整備されたという。湖東の渡来人集団の記念碑として、塔は無言のうちに何かを語りかけているようだ。

3　壬申の乱、そして奈良朝——弘文天皇陵・紫香楽宮跡

大海人皇子、挙兵

大津京に移って四年後の六七一年、天智天皇は病の床についた。同年十月、天皇は弟で皇太子でもあった大海人《おおあま》皇子（のちの天武天皇）を呼び出し、自らの死後を託した。しかし、天智の思いが嫡子の大友皇子の即位にあることを察知した大海人は、要請を固辞して出家、吉野に隠棲した。

同年末、天皇は崩じ、大友が後継となった。『日本書紀』は大海人の立場で書かれているため、大友皇子が皇位を継承したとは触れていないが、大友が即位したのではないかとする研究者が多い。

近江朝廷は大海人に対する監視を続けていたとみられるが、六七二年（壬申の年）五月、美濃、尾張で近江朝廷による軍夫徴発の噂があがると、六月二十四日、大海人はついに夫人・鸕野《うの》皇女（のちの持統天皇。大友の姉）とともに吉野を脱出した。一行は、宇陀から伊賀

名張、加太越《かぶとごえ》を経て、二日後に北伊勢に到着した。

出発にあたって、大海人は飛鳥の留守司に駅鈴（通行手形）を乞うたが拒否されており、大海人の脱出は近江朝廷側の知るところだったのだが、大友は逡巡して追尾せず、勝機をみすみす逃してしまった。

この間に、大海人は大分恵尺《おおきだのえさか》を密使として近江に派遣し、高市《たけち》皇子、大津皇子という二人の息子に吉野脱出を伝えた。高市皇子は柘植《つげ》（三重県伊賀市）で一行に合流し、大津皇子は手勢を率いて鈴鹿関を封鎖することに成功している。これによって、大海人側の軍容は大いに整い、危機を脱したといえる。

戦局の決定的なポイントは、大海人が吉野を脱出してから北伊勢に到着するまでの正味二日間にあり、この間の近江朝側の優柔不断と拱手《きょうしゅ》傍観が滅亡に直結したといえよう。

吉野を脱出した大海人は、伊賀で郡司の数百人、鈴鹿で国司と湯沐令《ゆのうながし》（大海人に与えられた所領）の千人弱を帰順させている。そして、二十六日には先遣隊が三千人を率いて不破《ふわ》を塞ぎ、二十七日は尾張国司が二万人の兵で合流するなど、短時間に雪だるま式に軍団を拡張させている。

『書紀』の文飾を差し引いても、あまりに不可解である。実は乱の直前、唐から使節の郭《かく》務悰《むそう》が来日し、軍事援助を要請していたのである。駒沢女子大学教授の倉本一宏氏は、近江朝がこの唐の要請を拒めず、全国に徴兵令を出しており、大海人の一行は「これらの兵を、それぞれの国府において自軍に引き入れて、対近江朝廷軍を組織した」と推測されている。注目すべき見解といえよう。

「天皇」の誕生

さて、伊勢に至り安全圏に入った大海人は、高市を総司令として不破関に赴かせ、別途、東海・東山両道の軍事動員を指示した。不破・鈴鹿両関の封鎖は近江朝側にとって致命的で、大友皇子らは東国から一切の援軍を絶たれることになる。

飛鳥の京では、大伴吹負《ふけい》が三輪氏や鴨氏を率いて近江朝に反旗を翻し、いったんは敗れるものの態勢を立て直し、大和を制圧した。そして近江へは、七月二日を期して濃尾両国の豪族軍が乱入し、同月二十二日、瀬田唐橋を隔てて両軍が対峙《たいじ》した。近江軍は中央の橋板を引きはがして抵抗したが突破され、ここに近江側は大敗する。大友皇子は逃亡し、山《やま》前《さき》まで来て首を吊って自殺した。

近江における主戦場は瀬田唐橋であるが、当時の唐橋は今の位置より八十メートルほど下流（南側）にあった。近年の発掘調査により、橋の基礎など構造が明らかにされているが、現地には、壬申の乱を記念する石碑などは一切ない。むしろ、俵藤太《たわらのとうた》（藤原秀郷《ひでさと》。平安時代前期の武将で、三上山のむかで退治で有名）の像が立っている。

この戦争は、大伴氏を除けば諸皇子と濃尾土豪の軍による勝利であり、大和の旧豪族はほとんど働いていない。即位した大海人、つまり天武天皇は大臣を置かず、史上例をみない皇親政治による専制君主となった。それまでの「大王」から「天皇」と呼称を変えたのは、この天皇以降という説が有力である。

大友皇子はのち「弘文天皇《こうぶん》」と諡《おくりな》され、その御陵は大津市役所の西側にある。江戸時代までは天皇の扱いではなかったが、明治初年に至り、承久の乱（一二二一年）で廃立された仲恭天皇《ちゅうきょう》（九条廃帝、懐成王《かねなり》）とともに天皇として皇統譜に記入された。ただ、これは水戸学的な名分論による立場からのもので、疑問視する学者も少なくない。

聖武天皇の東遊と遷都

天武朝は、大臣を一切置かず皇親政治を行ったが、続く持統朝になって藤原不比等《ふひと》ら大臣が復活した。こうして長屋王（高市皇子の子）らの皇親を抑えて藤原氏が台頭したが、天平九年（七三七）、不比等の四人の息子が天然痘で急死すると、光明皇后（聖武天皇の皇后。不比等の娘）の異父兄・橘諸兄《もろえ》が実権を握るようになり、不比等の孫・広嗣は大宰少弐《しょうに》に左遷された。

天平十二年（七四〇）九月、焦った広嗣は九州で反旗を翻した（藤原広嗣の乱）。驚愕した聖武天皇は平城京を脱出し、名張を経て伊勢の河口頓宮《とんぐう》（三重県津市白山町）に行幸した。天皇が地方へ行幸する際の臨時の宿舎となる建物が「頓宮」と呼ばれる。聖武天皇の東遊の際の頓宮跡と思われる遺構が平成十四年（二〇〇二）、大津市内で発見された。膳所《ぜぜ》城下町遺跡（県立膳所高校）で、八世紀前半の宮殿を思わせる掘立柱建物跡が検出された。短期間で抜き取られた形跡があり、天皇が天平十二年十二月十一日から十三日にかけて滞在した禾津《あわづ》頓宮と考えられる。このほか、最近、三重県四日市市の久留倍《くるべ》遺跡から検出された八世紀の建物跡も、聖武天皇の関連遺構とみられている。

この河口頓宮で天皇は反乱の鎮圧と広嗣処刑の報に接したが、平城京に戻らず、北伊勢から美濃へと北上して不破関から近江に入った。湖東を経て諸兄の別業（別荘）のある山城の恭仁《くに》（京都府木津川市加茂町）に至ったのは、その年の十二月半ばであった。ここで造都の詔《みことのり》が出され、一年弱の間、天皇は恭仁京にとどまった。しかし、造都事業の半ばで恭仁から近江甲賀へ通じる和束《わつか》道が開削され、天平十四年（七四二）八月、天皇は信楽《しがらき》に行幸し、ここを離宮とすることが定められた。

天皇は信楽の地が気に入ったようで、しばしば恭仁と信楽を往復し、翌天平十五年十月には信楽離宮の地で、有名な大仏造立の詔が発せられる。離宮の南側には近江国分寺にあたる甲賀寺の造営が始められ、僧行基《ぎょうき》の一団が作業に加わった。しかし、気まぐれな天皇は、恭仁の造都を放棄して摂津の難波にも都城を造り始め、天平十六年（七四四）閏《うるう》一月には三種の神器まで移し、二月には公式に難波京が都となっている。

それもつかの間、天皇は信楽に戻り、同年十一月には天皇自ら縄を引いて大仏の骨柱が建てられ、難波宮にとどまっていた元正《げんしょう》上皇も信楽に移った。翌天平十七年正月には「紫《し》香楽宮《がらきのみや》」の正門に楯や槍が立ち、信楽が都であることが宣言された。壬申の乱以来、七十幾年ぶりに、また近江に国都が戻ってきたわけである。

しかし、紫香楽京の期間は短かった。天平十七年四月、放火や地震が宮の周辺に頻発し、天皇は五月、恭仁を経て平城に戻った。広嗣の乱で脱出してから、実に五年ぶりであった。そして同八月、平城京東側で大仏の工事が再開された。

紫香楽宮跡の発見

この聖武天皇のめまぐるしい移動については、史家もその評価にとまどいがあるようで、「彷徨《ほうこう》」「東征」「東遊」など、さまざまに表現されており、恭仁、紫香楽、難波の各都城も、離宮と見る説、陪都《ばいと》と見る説など種々、出されている。また、瀧浪貞子氏のように「曾祖父・天武天皇の壬申の乱の行動を追体験した」という説も発表されている。ただ、はっきり残った事象としては、大仏造立の事業は継続され、天皇の彷徨に無関係であった藤原氏が、再び復権してくることである。

国指定史跡の紫香楽宮跡は、信楽高原鉄道紫香楽宮跡《しがらきぐうし》駅からすぐの場所にある。ここには「内裏野《だいりの》」「寺野」の地名が残り、近世から注目されていたが、大正十二年（一九二三）、東大教授・黒板勝美の踏査で宮跡として史跡指定された。しかし昭和五年（一九三〇）、民俗学者・肥後和男の発掘調査では、金堂、講堂、塔など東大寺式の伽藍配置を持つ寺院であることが判明し、宮跡ではなく甲賀寺だった可能性が強くなった。

一方、昭和四十六年（一九七一）から始まった圃場《ほじよう》整備事業で、史跡より数キロ北方の宮町地区から巨大な掘立柱の柱根が発見され、年輪年代測定法によって、この柱根が天平十五年に伐採されたことが明らかになった。以後、たび重なる発掘調査の結果、宮町地区の水田から、朝堂正殿と推定される建物と門、東西に脇殿とおぼしき建物跡が検出され、宮町遺跡が聖武天皇の紫香楽宮の中枢部であることが明らかとなった。

宮町遺跡調査事務所には展示室が併設され、出土品の一部を見学できる。井戸枠や側溝の板など、田上山《たなかみやま》から伐採した驚くべき巨木による資材が、千二百年の時空を超えて私たちの前に横たわる。出土木簡も七千点におよび、奈良県外では飛び抜けて多いという。

4 古代末期の湖南の諸遺跡——保良宮跡・田上山作所・小槻大社

藤原氏の"領国"

さて、天平勝宝七年（七五五）、聖武天皇が病床に伏すようになると、皇親系の左大臣、橘諸兄は権勢を失い、朝廷の中心は、叔母・光明皇太后をバックとする藤原仲麻呂が占めた。そして、仲麻呂と近江とは、深い関係にあった。

大国近江の国司は藤原氏の有力者が歴任しており、和銅五年（七一二）には不比等の長男・武智麻呂《むちまろ》が、天平十七年（七四五）には武智麻呂の次男である仲麻呂が、天応元年（七八一）には種継（不比等の三男・宇合《うまかい》の孫）がそれぞれ国司となっている。不比等が「淡海公《たんかいこう》」と諡《おくりな》されていることからも、近江は「藤原氏の領国」同然だったという（吉田孝氏著『古代国家の歩み』）。

のちの時代になるが、近江は太閤検地の石高《こくだか》が七十八万石で、陸奥《むつ》国を除き全国一であり、二位の武蔵の六十七万石を断然引き離していた。このような豊穣さは、古代から変わらない。

近江の国司が執務した役所である国府（国庁、国衙《こくが》とも）跡は、大津市大江にある。昭和三十八年から四十年にかけての発掘調査で、方八町の広い敷地と中心部の政庁の遺構が確認された。これは平城宮中枢の大極殿、朝堂院などの配置をまねたもので、瓦積基壇の上に築かれていた。国府跡の確認は、近江が全国で最も早く、現在は国史跡に指定され、史跡公園として整備されている。

天平勝宝八年（七五六）、聖武天皇が崩じ、さらに翌年、橘諸兄が死ぬと、仲麻呂は祖父・不比等が編んだ養老律令を施行し、軍事を総管する紫微内相《しびないしょう》という令外《りょうげ》の官を置き、自らその長官に任じて、文武の権力を一手に集中した。

追い詰められた皇親系の橘奈良麻呂（諸兄の長男）は、長屋王の二子・安宿王《あすかべおう》、黄文王《きぶみおう》らを擁して仲麻呂を襲殺する反乱を企てたが、事前に発覚して捕らえられた（橘奈良麻呂の乱）。専権を握った仲麻呂は右大臣、ついで太政大臣に昇り、天平宝字三年（七五九）には近江に保良宮《ほらのみや》を造営した。

保良宮は史料には「保良離宮」と記されており、平城京に対する陪都、または離宮だったとみられる。天平宝字五年（七六一）十月、仲麻呂は保良宮に孝謙上皇、淳仁《じゅんにん》天皇を迎え、保良宮を「北京《ほっきょう》」とする旨が宣せられた。この呼称は、唐で山西省の太原を「北都」「北京」と呼びならわしたのに、中国かぶれの仲麻呂が倣《なら》ったものという。

藤原仲麻呂の反乱

しかし孝謙上皇はこの保良宮滞在中に発病し、内道場の禅師道鏡が、密教の呪法による加持祈禱《かじきとう》を行い、平癒させた。これをきっかけに、道鏡が上皇の寵愛を得ることになり、仲麻呂の権勢にひびが入った。とくに道鏡の寵愛をいさめた淳仁天皇と上皇の間が険悪となった。淳仁は舎人《とねり》親王の息子で、かねて仲麻呂が自邸の田村第《てい》に迎えるなどしていたから、仲麻呂の傀儡《かいらい》といってよかった。

淳仁の諫言《かんげん》に怒った孝謙は翌年五月、奈良に戻って出家するが、以後、天皇には「常祀《つねまつり》と小事」しか許さず、「国家の大事と賞罰」は自らが行うと宣言した。こうして仲麻呂と上皇との権力闘争が始まったが、仲麻呂が息子の訓儒麻呂《くずまろ》らを参議に任じると、上皇は道鏡を少僧都に、吉備真備《きびのまきび》を造東大寺司《ぞうとうだいじし》長官に任ずるといった具合に火花を散らした。

天平宝字八年（七六四）九月、仲麻呂は自ら「都督四畿内三関近江丹波播磨等国兵事使《へいじし》」に就任するが、反乱を企てているとの密告が相次ぎ、上皇は九月十一日、坂上刈田麻呂に出動を命じた。仲麻呂は太政官印を帯して近江に走ったが、天皇や駅鈴、内印の帯同に失敗し、兵力を集めることができず、同月十八日、高島の鬼江という琵琶湖沿岸で捕殺された。

保良宮の位置については、古くから大津市国分付近と推測されているが、まだ決定的な遺跡は見つかっていない。新幹線と市立晴嵐小学校付近で局部的な発掘が行われ、掘立柱建物跡や多くの瓦が出ているが、具体的な内容は今後の調査が待たれる。
松尾芭蕉ゆかりの幻住庵の跡近く、国分二丁目の団地内には、保良宮の建物の礎石ではないかという「へそ石」と呼ばれる石が路傍に残っている。大きすぎる感もあるが、当時は巨木が豊富で、後世の寺院礎石より大きかったものとも考えられる。

藤原京・平城京の材木

『万葉集』巻一には、「藤原宮の役民《えのたみ》の作れる歌」として長歌一首を収めているが、その一節は次のように歌われる。

淡海の国の衣手の　田上山《たなかみやま》の真木さく　檜《ひ》のつまでを　もののふの八十《やそ》氏川《うじがわ》に玉藻なす　浮かべ流せれ　そを取ると　騒ぐ御民も（中略）いづみの川（木津川）に持ち越せる　真木のつまでを百《もも》足らず　筏《いかだ》に作りのぼすらむ　勤《いそ》はく見れば神ながらならし

（水の国近江の、衣の袖の田上山の真木をさいたヒノキの荒材を、宇治川に玉藻のように流していることだ。（中略）泉川に運び込んだ荒材を、百足らぬ筏に組んでは川を上らせてい

る。役民がせっせと働いているのを見ると、これも天皇がさながら神のようであるからしい（中西進氏訳）

歌によれば、田上山で伐採された木材は筏で流され、瀬田川、宇治川、木津川と運んで、藤原京の造営に使われたことがわかる。藤原京（奈良県橿原市付近）は持統天皇の八年（六九四）から和銅三年（七一〇）まで、十六年間、宮都として使用された。

また『正倉院文書』には、東大寺の造営を担当する役所・造東大寺司が用材の伐採基地として各地の山林に「山作所《さんさくしょ》」を設けたことが見え、伊賀山作所、甲賀山作所、田上山作所の記録がある。田上山の伐採は藤原、平城両京の造営だけでなく、東大寺の用材を供給する重要な山林だったこともわかるのである。

造東大寺司の管理下にあった山作所としては、甲賀、伊賀、田上の三つのほか、高嶋山作所（高島市朽木小川《こがわ》付近）、信楽杣《そま》、播磨山作所、丹波山作所（京都府南丹市園部町）が知られており、実に過半の杣や山作所が近江にあったことがわかる。千三百年前のことがこれほど詳細に判明しているのは、山作所の経理文書が東大寺の写経所に回され、反故紙《ほご》として写経の練習に使われ、正倉院に伝来したためである。

日本初の環境破壊

さて、この田上山作所の位置であるが、福山敏男（京都大学名誉教授）の推定によると、瀬田川の支流・大戸《だいど》川の下流域にあたる大津市上田上《かみたなかみ》堂町付近ではないかとされている。

山作所は別当の指揮のもと、木工や鉄工の作業員が働き、各地から徴発した人々も動員して伐採にあたった。用林である杣から切り出された材木を川まで運ぶのが最も重労働だったとされる。こうして積み出された用材は泉木津（京都府木津川市木津町）で陸揚げされ、大和盆地を運ばれた。

田上山は「太神山」とも書き、標高六〇〇メートルにすぎないが、山岳信仰の地でもある。山頂近辺に位置する不動寺は、天台密教の寺院である。本堂裏の巨石は神の宿る岩座《いわくら》で、太陽神とも農耕神ともされる。山麓の田上枝町には「田上鉱物博物館」があり、特産品の水晶などが展示されている。また田上山の西北、堂山の南山麓には、鉄滓《てっさい》（鉄くず）の分布や製鉄遺跡が報告されており、伐採用の工具を製作した山作所との関連が注目される。

現在、田上山は「湖南アルプス」と呼ばれトレッキングの地にもなっているが、一面、花崗《かこう》岩質の山肌には、大きな樹木が見られずはげ山状を呈しており、千三百年以上も前の伐採がいかに激しかったかが推測される。いわば「わが国最初の大規模環境破壊」として、後世に名をとどめるものであった。

見方を変えれば、田上山一帯がこの時期、良材に恵まれていたことも物語っている。そして田上山の用材は、東大寺造営と前後して建てられた石山寺《いしやまでら》の資材として利用されたのが最後のようで、以後、記録には現れない。平安京の造営には、大堰川《おおいがわ》上流の丹波山国杣が設定されており、近江湖南の良材は枯渇してしまったと思われる。

田上山へは、JR石山駅から湖南アルプス行きのバスが出ている。山頂へは終点から歩いて一時間程度である。下りは南下して富川方面に下ると、重要文化財の本殿がある春日神社や高さ三十メートルの岩肌に阿弥陀三尊像が線刻された富川磨崖仏《まがいぶつ》などがあって、見ごたえがある。

官務家・小槻氏

新幹線新駅建設問題で揺れる栗東市に、下戸山《しもどやま》という地区がある。草津川の上流、金勝川《こんぜがわ》の南側に集落が広がり、民家の奥をたどると、杉木立の中に小槻《おづき》大社の境内がある。本殿は永正十六年（一五一九）の建築で、国の重要文化財である。祭神は垂仁天皇の皇子・於知別命《おちのわけのみこと》で、延喜式内の古社である。古代に当地一帯を支配していた豪族・小槻山公《おづきやまのきみ》が祖先神を祀ったものという。

小槻氏は代々、算道（算術）をよくし、貞観十五年（八七三）に小槻今雄が左京四条に屋敷を賜って以後、子孫は京都に住んで在京官人としての道を歩んだ。今雄は右大史《うたいし》算博士に昇るが、この右大史とは、律令中央政府の議政局の事務官僚の一つである。議政局は大臣、納言、参議の下に大中小弁の役職があり、さらにその下に左右の大中小史が配されていた。小弁以上は将来、納言、大臣まで昇ることのできる〝公卿予備軍〟だが、大中小史は地方豪族出身のいわば純事務職で、公卿に列することはできない身分であった。

こうして小槻氏は歴代、算博士となり、今雄の玄孫《げんそん》（ひまごの子、やしゃご）の奉親《ともちか》以降、左大史の官を世襲した。奉親は藤原道長の時代の人物で、このころから小槻氏は太政官の事務を世襲する家となったのである。

太政官には本来、少納言局（外記局《げききょく》）と左右の弁官局が置かれたが、後者はやがて事実上統合され、外記・弁官両局に加えて大臣、納言、参議らの公卿による議政局を加えて、「太政官の三局」と研究者は呼んでいる。外記局は少納言を上首として、天皇の秘書と官人の人事管理を司り、平安中期以降は、清原氏が世襲するようになり、弁官局の官務家に対して、局務家と呼ばれた。官務、局務両方の上に乗るかたちで大臣―参議の議政局があり、古くから天皇家を支えた畿内豪族の合議制の系譜を引くものである。

このように、小槻氏の地位を官務といい、家は宿禰《すくね》を称したことから禰家《でいけ》、または官務家と呼ばれた。一族からは歴史上、とくに華やかな人物は出ていない。しかし家の権益として、国家が班給した残りの田地を農民に貸し付け、収穫の五分の一を徴収できたこともあり、のちには太政官全体の経理を仕切るようになった。身分の低い家が、朝廷の賄い方一切を司ることになったのである。

平安後期以降、小槻氏は官務家領（のち壬生《みぶ》家領）荘園を統括管理し、事実上の荘園領主となった。官務家領は山城小野山（京都市北区）のほか、湖西地方の雄琴一帯を領し、この縁で雄琴神社は今雄を祭神とし、代々、氏長者が同社を管理した。

最古のアーカイブス・官務文庫

いまひとつ小槻氏が歴史上に重要なのは、太政官の経理のみならず、文書・記録を保存するアーカイブスの役割を担った点である。平安朝以来、江戸時代の末まで、儀式の先例や支配のための行政文書、地図の類すべてが小槻氏の私設文庫である官務文庫に集積・保管されることになり、場所として今の壬生寺（京都市中京区）の東側に広大な地が与えられた。

洛中が焦土と化した応仁の乱でも、東西双方の軍隊が、官務文庫の安全を保障した。大乱で摂家以下の文庫がほとんど焼失したなかにあっても、官務文庫だけは無傷であった。

守護大名といえども、領国支配のためには、官務文庫の地図をあてにしなければならなかったからである。今でいう国会図書館と国立公文書館の役割を負っていたといえよう。日本のアーカイブスの源流についてはいろいろな考え方があるが、機能からみると、官務文庫は世界最古級だったといえる。

江戸時代以降、官務文庫の機能は形骸化《けいがいか》したが、文書記録は維新期まで散逸せずに維持された。もっとも、壬生家が困窮した戦国時代には文庫の屋根が雨漏りして文書の危機が伝えられ、連歌師の飯尾宗祇らが私財を投じてその修理につとめている。現在、官務文庫の旧蔵史料は宮内庁と京大に分蔵されている。

なお、小槻氏は平安末から鎌倉初期にかけて、隆職《たかもと》が一時罷免され、甥の広房が官務に任じられたことがあり、以後、隆職の子孫を壬生家、広房の子孫を大宮家と称し、両流分かれて争った。しかし天文二十年（一五五一）、大宮伊治《これはる》が死んで壬生家に統一され、明治維新後は華族に列した。

第二章　中古

生源寺（大津市坂本）の最澄生誕遺跡

1　日本仏教の母山——生源寺・比叡山延暦寺

最澄の生誕地

神護景雲元年（七六七）、滋賀郡古市郷の三津首《みつのおびと》という家で、一人の男児が誕生した。三津首とは、中国・後漢の献帝の末裔と称する渡来系の氏族である。この男児が天台宗の開祖・最澄《さいちょう》（伝教大師）であった。

古市郷は現在の大津市膳所、粟津、石山一帯を指すが、男児が生まれたのは、今の大津市坂本の生源寺《しょうげんじ》とする説もある。戸籍上の本貫は生誕地とはかならずしも一致しないということで、祖師誕生を意味する生源寺の名はすでに安元二年（一一七六）の古文書に見える。三津首の姓も坂本の三津にもとづくと考えれば、生源寺誕生説も捨てがたく、関西大名誉教授の薗田《そのだ》香融《こうゆう》氏は、母の実家が坂本にあったのではと推測している。

また、最澄の誕生を通説より一年早く、天平神護二年（七六六）とする説がある。最澄の出自を伝えるものに、弟子・一乗忠が師の没後ほどなく著した『叡山大師伝』と、大原来迎院に伝わる国府牒《ちょう》、度縁《どえん》、戒牒という三種の公験《くげん》（公的証明書）がある。後者は史家が第一に尊重すべきものだが、最澄の場合は公文書ゆえに詐欺があり、そのまま信用できないという。それは最澄四歳の年に戸籍が作られたが、戸主・三津首浄足は、班田収授に有利なように、最澄の年齢を偽って五歳と記したためと考えられている。

さて、三津首を出した滋賀郡内の東漢氏《やまとのあやうじ》系の渡来人には、紫香楽《しがらき》、保良《ほら》両宮の造営に伴い下級官人として召し出された者が多かった。また、藤原仲麻呂の謀叛《むほん》を密告した陰陽師《おんみょうじ》の大津首大浦、小野妹子に随行して入隋した学問僧・恵隠《えおん》、天武天皇の病床に侍医として仕えた槻本《つきのもとの》勝麻呂のような技術者も少なくない。遣唐大通事《つうじ》や遣唐知乗船事《ちじょうせんじ》の中にも、志賀漢人《しがのあやびと》がいる。

最澄は「七歳で村里の小学に入り、陰陽、医方、工巧を学んだ」(『叡山大師伝』)という。三津首では中央の大学に入る資格がなく、氏の私学で学ぶしかなかったこともあろうが、渡来系氏族の家業に忠実にしたがったものといえよう。しかし、最澄は十二歳で発心《ほっしん》し、当時、大津市瀬田にあった近江国分寺に入り、大国師の行表《ぎょうひょう》に仕えて唯識《ゆいしき》、禅法を修め、十五歳で国分寺僧として得度《とくど》した。最澄と名乗るのは、この時である。そして延暦四年(七八五)、東大寺戒壇で具足戒《ぐそくかい》(出家した男女が守るべき戒律)を受けたが、同年七月、無常を感じて比叡山に入り、山林修行の生活に入った。

山林修行を経て入唐還学生に

『古事記』大国主神の段に、「大山咋命《おおやまくいのみこと》、またの名は山末之大主神、この神は近淡海国《ちかつおうみ》の日枝《ひえ》の山に坐《いま》す」とあるように、比叡山は早くから山岳信仰の対象であった。かの藤原仲麻呂も近江守のとき、叡山に登って父・武智麻呂が建てた禅処（草庵）の跡を訪ねたが、随行の麻田陽春《あさだのようしゅん》は次のように詩を吟じた。

近江はこれ帝里　稗叡《ひえい》はまことに神山　山静けくして俗塵寂《すさ》み　谷間《ひそ》かにして真理専《もつぱら》にあり

（『懐風藻』）

修行者の草庵がすでにあり、人々が神霊の山と崇めていたことが知られる。また近江京の際に建立された崇福寺《すうふくじ》は、廃都となった後も山中の寺院として存続していた。

奈良時代には、山林にこもって修行する僧侶が多かった。入唐《にっとう》して玄奘《げんじょう》に仕え、禅定（瞑想によるヨーガの修行）を伝えられた道昭、葛城山《かつらぎさん》で修行した役小角《えんのおづぬ》らがおり、道鏡も若年のおり、葛城山で修行した。孝謙天皇の看病禅師としての能力は、山林修行によって得られたものという。

最澄もまた、山林修行による呪験力《じゅげん》によって、桓武天皇の信頼を得て、宮中の内供奉《ないぐぶ》禅師に任じられた。そして、最澄三十六歳の延暦二十一年（八〇二）、高雄山寺《たかおさんじ》（今の神護寺）で行われた法華経の講会《こうえ》で天台を説き、これが認められて入唐還学生《げんがくしょう》（短期留学生）に選ばれる。

京阪坂本駅のすぐ左手が生源寺で、「伝教大師御生誕地」の石碑が立つ。しかし、坂本駅正面の観光案内所で古老をつかまえて尋ねると、地元の伝承はまた別だという。生源寺の北西約一キロにある西教寺門前の道を少し東に下りた「広芝《ひろしば》」という祭祀《さいし》場で、最澄の幼名・広野はこれと関係があるという。

さらに、そこから湖岸方向に下ってゆくと、左手の丘陵上に紅染寺《こうせんじ》跡という遺跡がある。室町時代以降、墓地だった場所らしいが、大津市教委の看板には「最澄の父・三津首《みつのおびと》百枝《ももえ》」の邸宅跡だという。最澄もここで生まれたと記されており、どうやら地元の公式見解のようだ。

最澄と空海の友誼と絶交

最澄が遣唐使第二船に乗り、唐に向かったのは延暦二十三年（八〇四）七月のことである。新羅と敵対状況にあった当時、入唐船は直線状に東シナ海を横断するしかなく、年に何日あるかという船日和をあてにしての決死的事業であった。遭難は珍しいことではなく、難破船が両断され、舳部《じくぶ》と艫部《ろぶ》が別の地に漂着することもあった。八九四年の菅原道真による停廃建議は、唐の衰退もさることながら、なにより人命の多くが失われるという危険性にあった。

延暦の遣唐使第一船には、彼より七歳年下の空海が乗っていた。しかし、船団は海上で暴風に遭い、最澄の乗船は九月に明州（寧波《ニンポー》）に着いた。空海の船は、はるか南の福州に漂着した。最澄は天台山（浙江省）に巡礼し、修禅寺座主《ざす》・道邃《どうずい》より天台の法門と菩薩戒を、仏隴寺《ぶつろうじ》行満《ぎょうまん》から天台の付法《ふほう》を受け、多くの天台法文を書写した。翌年四月には、越州の龍興寺において金剛界灌頂《かんじょう》を受け、密教法文を写得している。

在唐すること九ヵ月、最澄にとって本趣はあくまで天台宗の相承《そうじょう》（教えの伝授）であり、密教は付加的なものにすぎなかった。しかるに帰朝後、天皇公卿から歓迎されたのは、後者の呪術色を強く帯びた密教であった。

一方の空海は、大使に随行して唐の都・長安に入り、青竜寺の恵果《けいか》に入門して真言密教の大法をことごとく授かり、多くの曼荼羅《まんだら》、法具、経典をたずさえて最澄帰国の翌年に戻ってきた。しかし最澄の盛名に比して空海は無名で、有力な庇護者もなく、入京も許されなかった。

大同元年（八〇六）、桓武天皇の強力な外護《げご》で、天台僧の年分度者《ねんぶんどしゃ》（毎年の得度者）が許され、ここに天台宗が南都六宗より自立した。しかし、その二ヵ月後、天皇が崩ずると最澄の立場は微妙なものになる。この間、雌伏《しふく》していた空海は、密教に精通していることを評価され、嵯峨天皇の信任を得た。

密教の重大さを痛感した最澄は、辞を低くして空海の教示を乞い、弘仁三年（八一二）には、自ら高雄山寺（のちの神護寺。京都市右京区）に赴いて、空海から仏縁を結ぶための結縁《けちえん》灌頂を受けた。屈辱的な入門ともいえるが、「理想を重んじ、高潔な人格者であった最澄」（吉田孝氏著『古代国家の歩み』）の面目ともいえよう。

東寺に伝わる空海筆の書状「風信帖《ふうしんちょう》」（国宝）にみえる両者の親交は、このころのものであろう。しかし、最澄が懇請した『理趣釈経《りしゅしゃく》』の貸与を空海が拒絶し、最澄の愛弟子《まなでし》・泰範《たいはん》が空海の門下に奔《はし》るに至って両者の間は険悪となり、やがて絶交という事態に入る。

悲願の戒壇設立

ともかく最澄は、天台の全国弘通《ぐずう》を企て、弘仁六年（八一五）には筑紫に赴き、同八年には関東の両毛地方に下った。ときに会津の恵日寺《えにちじ》で東国布教にあたっていた興福寺の学僧・徳一《とくいつ》は激しく天台を批判し、最澄もまたこれに応え、ここに三一権実争論《さんいちごんじつそうろん》といわれる仏教史上有名な宗論の幕が切って落とされた。

1200年の歴史を今に伝える比叡山延暦寺の総本堂、根本中堂

徳一は藤原仲麻呂の末子との伝承もある法相宗《ほっそうしゅう》の碩学《せきがく》で、「法華経」を権《かり》の教えと断じたのに対し、最澄が天台宗義の立場から反論を加えたのがこの論争で、両者の応酬は前後五年に及んだ。宗門上は、「仏性論争の最高潮」（常盤大定《だいじょう》）と評価されている。

この論争で最澄は、法華経の「一切衆生悉皆《しっかい》成仏」を引いて衆庶の平等を主張し、衆生は悟りを開く能力で五つに分かれるとする「五姓各別」を説く徳一の法相学説を批判した。

最澄は奴婢《ぬひ》にも仏性を認めており、「隼人《はやと》、蝦夷《えみし》を公民化し、賤良区別を廃止した」平安前期の政策に通じる面があったという。

晩年の最澄の懸案は南都が独占する授戒の権限を北嶺（比叡山）に奪回することで、僧に戒律を授ける戒壇の設立許可を朝廷に求め、藤原冬嗣ら重臣に運動した。嵯峨天皇は最澄の生前、これを許さなかったが、最澄に同情的な冬嗣らの斡旋《あっせん》で、最澄没後七日目にあたる弘仁十三年（八二二）六月十一日、ついに戒壇設立が認められた。

比叡山上に、最澄の遺跡は数多い。

比叡山ケーブル延暦寺駅から北西に約五百メートルほど歩けば、東塔の中心伽藍《がらん》に達する。織田信長の焼き討ちがあり、建築はほとんど桃山以後のものだが、最澄悲願の戒壇院は大講堂の西隣（根本中堂の西南）にある。最澄の墓所のある浄土院は、西塔に向かう途中、戒壇院の西北約四百メートルの谷あいに位置する。西塔には法華堂があり、国の重要文化財である。信長の焼き討ちを免れた山上唯一の建物、瑠璃《るり》堂（室町時代）はさらに北方、黒谷《くろだに》へ続く山道にひっそりと建っている。

後の法然や日蓮ら鎌倉仏教の祖師たちの多くが学び、修行をし、「日本仏教の母山」となっている地。それがここ、比叡山である。

2 最澄の後継者・円仁——東塔と西塔・比叡山横川谷

慈覚大師円仁

天皇や公卿から求められた密教をもたらし、最澄亡き後の天台宗を牽引したのが延暦寺第三世座主になった円仁《えんにん》（慈覚大師）である。彼は名僧であっただけでなく、日本史上例のない大旅行家としての名も残している。

円仁は平安遷都が行われた延暦十三年（七九四）、下野《しもつけ》国都賀《つが》郡（栃木県南部）に生まれた。俗姓は壬生《みぶ》氏である。九歳で大慈寺（栃木県岩舟町）の広智に師事し、十五歳で比叡山に登り、最澄の弟子となった。弘仁五年（八一四）に得度し、同八年、最澄の東国教化の旅に随行して、先に述べた会津・恵日寺の徳一と師・最澄との論争もつぶさに見聞していたと思われる。

弘仁十三年（八二二）、師の遷化《せんげ》（死去）に遭い、以後数年間、籠山行《ろうざんぎょう》に打ち込む。しかし衆僧の懇請により籠山は五年で打ち切られ、その後、法隆寺や四天王寺などで天台の教えを講じた。天長十年（八三三）、四十歳で発病、視力が弱り、叡山の北谷に草庵を結んで蟄居《ちっきょ》した。ここがのちの横川首楞厳院《よかわしゅりょうごんいん》である。

承和元年（八三四）、遣唐使派遣の議が起こり、遣唐大使・藤原常嗣らは円仁を還学生に推挙し、兄弟子の円澄らも円仁の入唐を強力に運動した。最澄は自らの渡唐が不十分であったと痛感しており、密教を本格的に学ぶための留学生派遣を円澄らに遺言していたのである。こうして還学生になった円仁は、二度も逆風で九州に吹き戻された後、承和五年（八三八）七月、長江河口に上陸し、揚州開元寺に入った。四十五歳の高齢であった。

苦難の五台山巡礼

円仁は天台宗の聖地・天台山への登山と首都・長安行きを切望したが、短期留学生ゆえに許可が下りず、やむなく鑑真《がんじん》が住んだ開元寺で仏法を学んだ。翌年四月、大使一行とともに帰国の船便に乗った円仁だったが、途中に立ち寄った赤山《せきざん》（山東半島の東端）で、赤山法華院に参拝中に、大使一行は円仁主従を残したまま出帆してしまう。もっとも、この事件は、天台登山に執着する円仁が自分で仕掛けたとの説が有力である。

彼は心中深く期するところがあった。円仁はこの地で、新羅出身の青海鎮大使・張高宝の知遇を得、赤山の新羅僧らの勧めもあり、天台山を諦め、五台山（山西省）巡礼に計画を変更した。承和七年（八四〇）三月、青州（山東省）節度使から五台山巡礼の許可と糧食の援助を得て、泰山の北麓を通過して四月、黄河を渡った。

華北はイナゴの害による飢饉で、円仁らは栃の実や栗、小豆などを口にしながら太行山を越え、ようやく五台山に入った。五月十六日、天台総本山の大華厳寺に入った円仁主従は、座主・志遠和尚以下、一山大衆の大歓迎を受けた。志遠は最澄帰国後の日本の仏教界の状況を尋ね、円仁に仏書・摩訶止観《まかしかん》を授け、天台の経文などを書写させた。

円仁らは六月二十一日に、涅槃院《ねはんいん》の前庭で五色の雲の光瑞《こうずい》が山頂に流れるのを目撃した。人々は「文殊菩薩の化現《けげん》」と喜びあった。五台山の名の起こりとなった五つの台（峰）のひとつ「南台」には、最澄らとともに留学した日本人僧で、その才能をねたまれて毒殺された霊仙《りょうせん》三蔵の遺跡があった。しかし霊境寺の老僧は、はばかってか霊仙を埋葬した場所を円仁には教えなかった。

円仁は太原を経て長安を目指した。五台山で光瑞をともに見た義円という僧が太原まで同行し、太原からは令雅という僧が長安まで案内した。往路とはうってかわって快適な旅を続け、八月二十二日、円仁主従は長安の春明門（東門）に着いた。しかし、前途に一大危難が待ち構えていようとは、さすがの円仁にも知ることはできなかった。

仏教弾圧

勇躍して長安に入った円仁は、大興善寺の元政《げんせい》から金剛界灌頂を受け、翌年には青竜寺の義真に真言の印契《いんけい》などの大法を、玄法寺の法全に胎蔵界《たいぞうかい》の儀軌《ぎき》（密教の儀礼や図像に関する規則を記した経典）を受けた。このほか、曼荼羅や図像、さらに経論四百余部、五百余巻を書写している。これらは弟子を通じて円仁が、密教に通じた高僧を広く求めさせた結果である。

ところがこのころ、以前に揚州で円仁を謁見して、その天台留学を阻止した都督・李徳裕が宰相となり、道教を尊ぶ武宗皇帝の下で、仏教に対する厳しい政策が始まった。唐の会昌《かいしょう》元年（八四一）、武宗の誕生会に高僧と道士（道教の師）との宗論があり、道士のみ紫衣《しえ》を賜った事件が排仏の兆しであった。前途の危難をいち早く察した円仁は帰国の手続きを急いだが、帰国申請は握りつぶされ、翌年三月には収監の処分があり、帰国は絶望的となった。やがて仏像、仏典の廃棄、焼却などの政令が矢継ぎ早に出された。これを年号をとって「会昌の排仏」とも「三武《さんぶ》一宗《いっそう》の法難」ともいう。

会昌五年（八四五）五月、外国人僧に還俗《げんぞく》と国外退去の命が下る。円仁は「心に還俗を憂えず、ただ書写の聖教を随持し行くを得ざるを憂う」と日記に書いている。

五月十四日、円仁は長安を出立した。還俗姿で陽明門から東に向かい、新羅出身の高官李元佐や大理卿楊敬之ら、円仁に好意をもつ僧俗が糧食を贈り、ひそかにこれを見送った。人々は唐土の仏法破滅を悲しみ、「これより求法の者は、必ず日本に赴かん」ことを誓った。

汴州《べんしゅう》（開封《かいほう》）までは官庁の手形があったが、その先は紹介状がなく、追放僧の扱いで沿道の官庁に虐待妨害され、進退窮まること二度三度、そのつど、新羅人の援助の手が差し伸べられた。結局、円仁は楚州（淮河《わいが》河口）と山東半島の間を三度往復したあげく、ついに会昌七年（八四七）、乳山より日本に向かう唐人の商船に便乗することができた。船中で円仁は頭を剃り、いまわしい還俗生活に別れを告げた。当時、山東半島には新羅人が多く移住しており、円仁はこれらのネットワークに救われたといえよう。このとき、新羅の人たちが信仰していた赤山神を円仁の没後、弟子たちが修学院離宮の北に「赤山禅院」として建立している。

天台宗の危機を救う

このような数奇な運命に翻弄されつつも、したたかに求法《ぐほう》を貫いた円仁の在唐中の日記は、全訳の日本文が出ないうちに、米国人学者、Ｅ・Ｏ・ライシャワーにより、世界に紹介された（一九五五年）。氏は数年後に駐日大使となったこともあり、日本の学界では一部で無視されるなど、不幸な評価を受けたが、その意義は不朽である。また、平安貴族を満足させる密教の儀礼作法を持てなかった延暦寺にとっても、円仁の在唐九年の成果は大きかった。叡山の密教化（台密《たいみつ》）はここに完成し、天台は高野山、東寺に対抗できる勢力となり、円仁は天台宗の危機を救ったのである。

円仁はまた、五台山で学んだ念仏の作法を「常行三昧《じょうぎょうざんまい》」として実践している。彼の建てた常行堂はそのための施設である。こうして比叡山は日本の浄土教の源流となり、法然以下の鎌倉仏教の母胎となることができたのである。

山内には、帰国後の円仁に関連する施設として惣持院《そうじいん》がある。長安青竜寺の鎮国大法に注目した円仁が、文徳《もんとく》天皇に奏して鎮護国家のため熾盛光《しじょうこう》法を修する施設の建立を願い出、勅許されたものである。室町時代の永享七年（一四三五）、足利義教《よしのり》の弾圧で炎上して以来、荒廃していたが、最澄得度千二百年を機に、法華総持院東塔として昭和五十五年（一九八〇）に再建された。東塔の中心伽藍で、戒壇院を西に石段で登った場所にある。また北へ谷を下ったところの浄土院は、伝教大師最澄の廟《びょう》に隣接しており、円仁が祖師に仕える「廟供《びょうく》」を始めた寺院で、五台山竹林寺での儀式を導入したものという。

念仏三昧の道場・常行堂は西塔の釈迦堂の南にある。法華堂と回廊で連接しており、天秤《てんびん》に似ているので、俗ににない堂ともいう。いずれも杉林の鬱蒼《うっそう》たる暗い林中に建つ。織田信長の焼き討ち後、法華堂とともに豊臣秀吉が再建した、日本に残る天台的浄土教建築の源流に位置するという（井上光貞著『日本浄土教成立史の研究』）。

円仁が開いたとされる横川《よかわ》についてもふれておこう。横川は東塔、西塔と並ぶ比叡山の三塔の一つで、俗塵をもっとも離れており、霊山の名に恥じない。横川は三塔の一つながら、最澄の定めた初期の伽藍組織には記載がなく、円仁が開いたことになっている。しかし、円仁が籠居したのは眼病など自らの死期を悟ったためであって、それまでまったく一宇の堂舎もなかったかどうかは疑問である。円仁はすでに入唐前に横川各院の検校《けんぎょう》を定め、こまごまと後事を託し、その掟書に法華三昧院や護国院の名も見えているから、おそらく最澄の弟子のだれかによって早くからなんらかの堂舎が開かれていたようである。

西塔から約四キロ北方にあり、奥比叡ドライブウェイを歩くのも一興である。なお、横川中堂は織田信長の焼き討ちの後、豊臣秀吉の援助で再建されたが、昭和十七年（一九四二）、落雷によって焼失しており、現在の建物は戦後の再建である。

3 天台仏教の星座——園城寺・葛川明王院・元三大師堂

母は空海の姪

円珍（智証大師）は弘仁五年（八一四）、讃岐の土豪・和気《わけ》氏の一族として生まれた。母は佐伯氏で、空海の姪《めい》にあたる。彼が早くから入唐の志を抱いていたことは事実だが、空海の血縁者であることもあり、「弘法大師と慈覚大師（円仁）との法流の不同を、その真偽を決せんが為、入唐したまひけるなり」（『厳神抄』）という伝説が古くからあった。

天長五年（八二八）、十五歳で叔父に連れられて叡山に登った円珍は、初代座主義真《ぎしん》に師事し、籠山十二年の後、嘉祥三年（八五〇）、内供奉《ないぐぶ》十禅師に勅任された。嘉祥四年四月には、入唐の便を得るため、博多に下向することになるが、勅許や経済的援助は、時の権勢家、藤原良房・良相《よしみ》兄弟が行った。そして仁寿三年（八五三）七月、唐の貿易商欽良暉《きんりようき》の船に乗り出帆した。途中、暴風雨で台湾に漂着したが、さいわい八月に福州に着岸することができた。唐では、道教に傾斜した武宗による「会昌の排仏」も終わり、各寺で仏教が再興復活していた。

唐での円珍は、福州開元寺の存式に師事して法華・華厳・倶舎《くしゃ》の教えを、同寺に滞在していたインド僧・般若怛羅《はんにゃたつら》に梵字、悉曇《しったん》を学んだ。同年末には海路、台州を経て天台山国清寺に入り、物外《ぶつがい》和尚から天台宗の中心的行法である止観を授けられた。さらに翌年二月には華頂山を巡拝し、越州開元寺の良諝《りょうしょ》に教えを受けた。

斉衡《さいこう》二年（八五五）、大運河を経て長安に至った円珍は、青竜寺の法全に師事して三部大法と大灌頂などの経綸《けいりん》儀軌を授けられ、大興善寺の智慧輪《ちえりん》に諸儀を受け、金胎両界（金剛界と胎蔵界）の大曼荼羅図像を宮廷画師に写させた。

それまでの入唐僧のなかで、交友の幅の広さと将来品（持ち帰った品）の多さで円珍は卓越している。天安二年（八五八）、唐商・李延孝の船で肥前松浦に漂着した円珍の将来品は、四百四十一部一千巻といわれた。彼は円仁にならって『在唐巡礼記』五巻を著していたが、原本は散逸して伝わらず、その抄本（抜粋）である『行歴抄』という旅行メモが石山寺に伝来している。

帰国後、朝廷から重用された円珍は、五十四歳の若さで天台座主（第五世）となり、二十四年間、その職にあった。彼が園城寺《おんじょうじ》（三井寺《みいでら》）にいたのは貞観四年（八六二）から同八年までの四年間であるが、貞観元年の園城寺再興に際し、供養導師円仁、呪願師《じゅがんし》安恵ら主だった僧の中にその名を見ることはできず、同寺再興との関連は薄い。円珍と園城寺の関係は、後年、円珍門徒が当寺に拠るようになって以降、多くは付会して語られたものである。

同寺は『古今集』の歌人で著名な大伴黒主《くろぬし》（ときに滋賀郡司）の氏寺であり、鎮守の新羅《しんら》明神社も大伴氏の氏神であったという。とすれば、大伴黒主は渡来系の人ということになる。大友皇子（弘文天皇）の末裔との伝承もあるが、これは後世、無理に結びつけたものと思われる。また、円珍が三井寺別当となり、園城寺を天台別院としたことが官符牒《かんふちょう》の文書で裏付けられるというが、それらの史料には疑いも抱かれている。

園城寺の仁王門。甲賀の常楽寺から移建された。三井寺中院の表門で、重要文化財。檜皮葺の屋根も美しい

山門と寺門の分裂

円珍の没後、円仁と円珍の弟子たちが派閥を争い、対立が激化するようになった。天元四年（九八一）、円珍門の余慶《よけい》が座主に任じられたことに円仁派が抗議し、余慶は下山を余儀なくされた。永祚《えいそ》元年（九八九）、再び余慶が座主に任じられたが、またも円仁派が宣下の使節を妨害し、寺務も執行不能となった（永祚宣命《せんみょう》事件）。そして正暦四年（九九三）には両派の対立が合戦にまで発展し、円珍門徒は下山して天台別院園城寺に拠った。これが「山門」からの「寺門」分離独立の始まりで

である。

後世の門下の対立から、円仁と円珍の関係は微妙なものだったように受け取られがちだが、実は円珍は円仁の弟子にあたり、円珍の師への敬慕は終生変わらなかった。円仁から大日尊法を受けたことは円珍自ら語っているし、両者の籠山は同時期であった。また円珍は長安で、青竜寺の法全から、円仁の熱心な勉学ぶりを聞かされている。円珍晩年の遺偈《ゆいげ》にも「慈覚大師の遺教《ゆいぎょう》を看護し、いまだかつて一念非法の行をなさず」とあり、円仁への追慕はひしひしと感じられる。

中世以降、園城寺は幕府の庇護もあって、三院（円満院・聖護院・実相院）五別所を核とする境内寺域は広大なものとなった。延暦寺が北方に荘園寺領を拡張したのに対し、園城寺は比叡山の南方山麓に延び、如意ケ嶽から鹿ケ谷《ししがたに》、山科に及ぶ広大なものとなった。『平家物語』で有名な俊寛僧都の山荘のあった鹿ケ谷楼門の滝の位置が、園城寺の西門であった。京都の大文字山一帯は、応仁の乱までは園城寺の伽藍が峰伝いに連なっていたのである。

京阪電車石山坂本線三井寺駅から琵琶湖疏水べりに西南に歩くと、自然に園城寺の境内に達する。円珍が唐より将来した仏典は唐院に収められ、彼の廟所もそこにある。三重塔は大和比蘇寺《ひそでら》から、仁王門は甲賀石部の常楽寺から移建された室町建築の名品である。

奇行の僧、相応

太古、琵琶湖が陥没した時の地殻変動によって、丹波高原と比叡・比良山脈の間に大きな断層が生じた。地図で見ると、花折峠《はなおりとうげ》（大津市葛川《かつらがわ》坂下町、伊香立《いかだち》途中町）の南北で、一直線に谷が走っているのがわかる。これを地質学上、花折断層という。大正年間に、京大教授の中村新太郎博士が、花折峠付近を歩いていて発見したという。

峠より北側の断層が安曇川《あどがわ》の上流にあたり、ここを当時、葛川《かつらがわ》と称した。奈良時代に東大寺造営のため高嶋山作所がこの支流に設けられたが、葛川谷は長く斧鉄《ふてつ》の入らない人跡未踏の地として放置されてきた。

この葛川谷を初めて修行場として開いたのは、円仁の弟子にあたる相応《そうおう》（八三一～九一八）である。近江浅井郡の人で、俗姓は櫟井《いちい》氏である。十五歳で叡山に登り、円仁の推挙で得度受戒し、根本中堂南方の無動寺谷に草庵を営んで、籠山行に入った。円仁に注目されたのは、相応が六、七年もの間、中堂に美しい花を捧げ、それを一日も欠かさなかったのに感心したからであるという。

相応は天安二年（八五八）、文徳《もんとく》天皇の女御、藤原多賀幾子《たかきこ》の病気を加持して評判を得て、貞観三年（八六一）にも清和天皇の生母、染殿皇后（藤原明子）を加持している。

相応は奇僧として知られ、生涯、醋醐油蘇《さくそうゆそ》（すっぱいものやもろみなどの嗜好品）の味を知らず、女人が裁縫した衣を着ず、絹糸の類《たぐい》を身にせず、草履《ぞうり》をはかず、牛馬に乗ったこともなかったといわれる（『無動寺建立和尚伝』）。加持のため宮中に赴いたおりも、信濃布、杉下駄という貧相な姿をいやしんだ公卿は「無下の下種《げす》法師」といって殿上へ昇らせなかったという。

葛川では、比良山から発する明王谷の奥で修行に専念したが、三ノ滝で「現身《うつしみ》の不動明王」を感得し、その姿を桂の木に彫ったのが、今の息障《そくしょう》明王院の本尊であるという。相応がどこから葛川谷に入ったのかは不明だが、おそらく朽木《くつき》から安曇川をさかのぼって高嶋山作所付近から明王院のある坊村に入ったのではあるまいか。平安時代も中期近くなると、叡山も世俗化が激しく、純粋な山林修行僧は塵外の聖地を外に求めざるをえなかったのである。

相応は修行に明け暮れながら、叡山では無動寺を開き、東塔や日吉社を修復し、寛平元年（八八九）には宇多天皇を加持した功で内供奉に昇った。叡山の有名な千日回峰行《かいほうぎょう》は相応を祖とし、現在も相応の故実にならい行法が守られているという。

相応の入滅時には、「山上の僧侶、京下の卿士」ら聞いて悲泣し、父母を失ったように嘆いた。大津の男女は叡山南方に「音楽の声」を聞き、驚き怪しんだが、それが和尚の遷化であったという。

太鼓乗りの神事

葛川は大津市最北端に位置し、京都の三条、出町柳《でまちやなぎ》から一日二本のバスがあるにすぎない。大津からは車で堅田、途中《とちゅう》を経て北上する。冬は寒いが、夏は冷風が吹き通る別天地で、避暑には格好の地である。坊村のバス停から比良山側に向かうと、明王谷の右手が地《じ》主《しゅ》神社である。本殿などは室町期の建築で、このあたりには珍しい春日造《かすがづくり》の様式である。橋を渡ると北側に、明王院の政所《まんどころ》がある。

右手石段を登れば、明王院の本堂であり、内陣に安置される観音、不動、毘沙門天は平安末期の作で、いずれも国の重要文化財に指定されている。外陣では七月に、太鼓乗りの神事が行われる。北嶺回峰の行者衆が、直径四尺の大太鼓に飛び乗る勇壮な儀式である。なお、相応に随従して葛川谷に入った浄喜、浄満は、あたかも不動明王の二童子よろしく歴代世襲して、行者衆に奉仕することになっており、太鼓乗り神事も、浄喜、浄満の「大《だい》聖《しょう》不動明王、これにのって飛ばっしゃろう！」の大喝で始まる。

回峰行者の夏冬両度の参籠のほか、一般信者も明王院に参籠祈請する風が、すでに平安末期からあった（『玉葉《ぎょくよう》』）。昔は滝参籠の翌日に卒塔婆《そとば》を書く習いがあり、これが葛川参籠札の起こりという。元久元年（一二〇四）の札（長さ約四メートル）を最古として、足利義満、日野富子ら有名人の札も現存している。富子は実子の義尚《よしひさ》を伴っての参籠で、当時、夫の義政との不仲を苦にしており、夫とのよりが戻ることを願って不動明王の力にすがろうとしたものと思われる。

比叡山中興の祖・良源

慈恵《じえ》大師（俗に元三《がんさん》大師）良源（九一二～九八五）は近江浅井郡の出身である。JR北陸線虎姫駅東方の玉泉寺が出生の地といわれる。父は木津氏、母は物部氏で、東漢氏《やまとのあやうじ》の一族、つまり渡来人の系統というが、父の家業も知られておらず、身分は低かった。

延長元年（九二三）、十二歳で叡山西塔の理仙に師事し、同六年、十七歳で尊意《そんい》座主から受戒した。有力な後援者を持たず、彼の唯一の頼みは自分の弁舌であった。受戒翌年に行われた論議で、東塔の乗恵と問答したが、良源の弁論は、敵方である乗恵の師で、のちに座主となる喜連を感嘆させ、乗恵はすぐに良源に入門した。

承平七年（九三七）十月、奈良・興福寺の維摩会《ゆいまえ》に叡山の基増が講師となり、ときに二十六歳であった良源が威儀僧としてこれに副《そ》えられた。基増の法臈《ほうろう》（キャリア）が四十六年だったのに対し、良源はわずか十年である。ここからも良源の非凡さがうかがえるだろう。
そのおり、公式の維摩会とは別に、勅使藤原在衡《ありひら》の宿舎で、南都の学匠と北嶺の学僧の論議が勅使の無聊《ぶりょう》を慰めるため催された。良源は「懸河《けんが》（立て板に水）の弁」で法相宗の英傑・義昭を言い負かした。在衡はこれに感服し、帰洛後、摂政藤原忠平らに良源の才を吹聴した。これが、良源が権貴に有力な後援者を得ることになった始めである。

良源は天暦四年（九五〇）に東宮護持僧、康保元年（九六四）には内供奉、翌年、権律師《ごんりつし》と順調に出世し、康保三年（九六六）、天台座主（第十八世）に任じられた。東宮護持僧は忠平の子・師輔《もろすけ》の推挙で、彼は良源と師檀関係を結び、横川に法華三昧堂《さんまいどう》を造立して良源に献じ、荘園を寄進して積極的に後援した。こうした摂関家の庇護《ひご》は、やがて「良源は摂家守護の観音の化身」という噂を生むことになる。

座主就任直後、大火で叡山の主要伽藍が炎上したが、良源は東塔はじめ一連の堂舎を再建整備し、山内の威容を整えた。山門の「三塔十六谷」の組織は良源の代で完成したという。

天禄元年（九七〇）、良源五十九歳のとき、座主の名で「廿六箇条起請《にじゅうろっかじょうきしょう》」を制定し、山僧の規律と綱紀の粛正を行い、教団の統率者として強い決意をもってこまごまと僧侶生活を規制した。しかしこれにより、かえって当時の山門の世俗化、兵仗《ひょうじょう》（僧兵的行動、暴力行為）、叡山の綱紀の乱れのほどがうかがえる。

この起請は廬山寺《ろざんじ》（京都市上京区）に伝来したために織田信長の焼き討ちを免れ、同じ良源筆の「遺告《ゆいごう》（遺言状）」（国宝）とともに、良源自署本として著名である（重文）。

良源門下の四哲とは、尋禅、源信、覚運、覚超をいうが、『徒然草』などで有名な増賀《ぞうが》聖《ひじり》も良源の門弟である。増賀は公卿・橘氏の出身で、世俗の栄達を嫌い、良源が天台座主となったときには、わざとその行列に異形の姿で加わり、師の進退を皮肉った。さらに、叡山の俗化を厭《いと》い、中年にして制止を振り切って下山し、大和多武峰《とうのみね》に隠棲した。以後、増賀の偽悪者ぶりは、叡山の世俗化へのアンチテーゼとして公卿の間で語り草となったようである。

生きる民間信仰

良源ゆかりの遺跡は叡山の北方に多い。黒谷《くろだに》青竜寺は良源の開基で、鎌倉時代の作とされる元三大師坐像（重文）を伝える。また横川中堂から数分の場所には「元三大師堂」がある。かつての良源の住房跡で、定心房《じょうしんぼう》と称するが、康保四年（九六七）以降、毎年四季に法華経の論議が行われることから四季講堂の別名もある。良源の墓は、ここからすぐで、御廟《みみょう》と呼ばれる。

良源の時代は、摂関家の庇護下に膨大な荘園が集積され、良源の意図とは別に世俗化も進んだ。そのためかどうか、良源の名は民間信仰、俗信とかかわって広く伝わっている。良源の護符の功徳《くどく》はすでに鎌倉期に流布していた（『元亨釈書《げんこうしゃくしょ》』）が、彼は美男のゆえに宮廷の子女につきまとわれ、それを逃れるべく鬼の形相をして仏道に励んだという。そこから、鬼（角《つの》）大師の護符が厄除けとして珍重され、家門や扉に貼れば魔除けとなるという風習が今に生きている。

また、袈裟姿の良源を多数刷り込んだ豆大師護符は、農事に霊験があるとして信仰されている。さらに良源はおみくじ、つまり抽籤《ちゅうせん》の創始者として近世以降、流布した。

そのほか、良源が始めたとされる漬物、定心房が土産物として売られている。坂本の俚《り》謡《よう》に「山の坊さん何食うて暮らす　湯葉のつけ焼き定心房」とうたわれ、干し大根のぬか漬けは良源が始めたというのだが、江戸初期に江戸で沢庵《たくあん》（大徳寺の禅僧）が同種の漬物を大徳寺産として広めたことで、良源の名は消えてしまった。なお、俗称の元三は、彼の命日が正月三日であることによる。

4 山岳仏教と浄土教――石馬寺・恵心院

山岳宗教の始祖・役小角

日本人は古来、山に対する信仰が深く、山そのものを崇《あが》める対象とし、山は神の居所（神体山）と考えられていた。大和の三輪山や近江の三上山《みかみやま》などはその典型である。

一方で峻険な山峰を修行の場とする修験《しゅげん》の人々も早くからあり、北アルプスの剣岳（二九九八メートル）は明治の初年、三角測量の石標（三角点）を運び上げたところ、山頂からは焚き火の跡と白鳳期の錫杖《しゃくじょう》が発見された。日光の男体山頂なども古墳時代以前の祭祀遺跡として知られている。

このような山岳宗教の始祖として古代以来、広く認識されていたのが役小角《えんのおづぬ》（役行者）である。『続日本紀《しょくにほんぎ》』文武天皇三年（六九九）条に「役君《えんのきみ》小角を伊豆島に流す」という記録があり、これが彼についての唯一の確かな伝である。大和葛城山《かつらぎさん》で修行し、呪術をよくしたので、一時は門人であった渡来系の韓国広足《からくにのひろたり》が朝廷に「妖言をもって衆を惑わす」と讒言《ざんげん》し、流罪に処せられたという。

役行者はのち伝説化し、山伏・修験者の間で神格化、偶像化されるに至った。このため肖像彫刻も多く作られたが、数ある役行者像の中、最古級の優品とされているものが、東近江市（旧五個荘《ごかしょう》町）の石馬寺《いしばじ》に残っている。

石馬寺の名は、後花園天皇の父・後崇光院《ごすこういん》の日記『看聞日記《かんもんにっき》』永享四年（一四三二）三月条にみえるのが初見だが、起源はさらに古いようである。寺伝によると聖徳太子が近江を巡回中にこの地を訪れ、乗った馬を山麓の木につないで山上に登ったが、下山してみると馬は石と化して池に沈んでいた。そこで寺を建立し、石馬寺と名づけたという。

中世には天台系の山岳寺院となり、山中に多くの子院、塔頭《たっちゅう》を擁した石馬寺だったが、佐々木六角氏の守護所・観音寺城に接していたこともあって、ご多分にもれず織田信長の焼き討ちに遭い、一山は滅亡炎上した。しかし、僧侶や地元の努力で仏像は多く持ち出され、十一体の仏像が国の重要文化財に指定されている。

寺の復興は江戸時代の寛永年中（一六二四〜四四）である。六角氏の守護代・伊庭《いば》氏の屋敷を移して方丈とし、奥州の名刹・瑞巌寺《ずいがんじ》（宮城県松島町）の雲居希膺《うんごきよう》が招かれて復興開山となり、臨済宗妙心寺派の禅寺に衣替えして今に至っている。

鎌倉彫刻らしい写実性にあふれる石馬寺の役行者像

石馬寺の役行者像

石馬寺はJR東海道線能登川駅の南方約三キロ、標高四三三メートルの繖山《きぬがさやま》から北に伸びる尾根の山ふところにあり、石馬寺集落に登山口がある。杉林に囲まれた急な自然石の石段を十分ばかり登ると本堂に着くが、石段の両側には、かつての塔頭の跡と思われる平坦地が、山城《やまじろ》の郭《くるわ》のように広がっている。

お目当ての役行者像は、本堂と並ぶ収蔵庫の中にある。鎌倉時代の作で、長頭《ながと》巾《きん》をかぶり高下駄をはいて岩座《いわくら》にすわり、右手には錫杖をもつ。老いた表情などが写実的で、近年、ロンドンの大英博物館で展示され、好評を博したというのもうなずける。老人像としては、東大寺の「重源《ちょうげん》上人坐像」（国宝）と並んで鎌倉彫刻の双璧であろう。

近江の山岳宗教の舞台としては、湖国の最高峰でもある伊吹山（一三七七メートル）が有名で、江戸時代には仏師の円空が修行した記録も残っている。このほか、湖北には己高山《こだかみやま》（九二三メートル）や天吉寺《てんきちじ》山《やま》（九一八メートル）などの霊峰の周辺に山岳寺院が残り、平安時代以前にさかのぼる仏像も多くみることができる。これらの寺の開創には、白山を開いた泰澄《たいちょう》（六八二？～七六七）や法相宗系の学僧・三修《さんじゅ》（八二九～九〇〇）らの名が伝わっている。己高山の鶏足寺《けいそくじ》に伝わった仏像群を収める収蔵施設、己高閣《ここうかく》（木之本町）の「薬師如来立像」（国重文）は高さ約一・八メートルのカヤの一木造で、堂々とした体軀や衣文《えもん》の様式などから、奈良・唐招提寺の仏像群との類似性が指摘されている。

役小角は元来、反権力の巫呪《ふじゅ》者のはずであるが、近世になって朝廷が彼に「神変《しんぺん》大菩薩」の称号を与え、明治以降は好んで芸術に取り上げられた。まず坪内逍遥の戯曲『役の行者』（岩波文庫）があり、島村抱月と松井須磨子の恋愛事件への皮肉も含まれているという。日本画では川端龍子の『一天護持』『神変大菩薩』『使徒所行讃』の行者道三部作、安田靫彦《ゆきひこ》の『役優婆塞《えんのうばそく》』と続く。龍子の『使徒所行讃』は大画面いっぱいに前鬼、後鬼を描いて、見学の芥川龍之介を気味悪がらせたことが語り草となった。

「日本浄土教」と源信

平安時代の四百年の世は、死刑が廃絶された世界史上、類のない特異な社会であった。しかし、律令制度は早くに崩れ、承平《じょうへい》・天慶《てんぎょう》の乱など、治安は地方から悪化し、人々は不安に脅かされた。貴族たちは、ともすれば現世よりも来世を憧憬し、ここに浄土教の思想が人々の心をとらえた。

浄土教の原形はインドにあり、竜樹《りゆうじゆ》の称名念仏、世親《せしん》の浄土論にさかのぼるという。中国では二〜五世紀に浄土三部経が漢訳され、北魏の曇鸞《どんらん》、唐の道綽《どうしやく》、善導《ぜんどう》と伝えられ、日本には白鳳時代にこの考え方が伝わった。

浄土の姿はすでに法隆寺金堂壁画に描かれているが、本格的な浄土教は、叡山の天台浄土教が始まりといわれる。その象徴は、円仁が五台山で学んだ念仏三昧法を実践するため築いた延暦寺の常行三昧堂《じようぎようざんまいどう》であったことは前述した。しかし、教学の面は良源が先覚者とされ、その弟子の恵心僧都《えしんそうず》源信《げんしん》（九四二〜一〇一七）が『往生要集』を著して教学体系を確立したのであった。

源信は大和国葛下《かずらきのしも》郡当麻《たいま》郷の出身である。父は卜部《うらべ》正親《まさちか》で、吉田系の神祇の系統であろうか。九歳で叡山に登り、良源に師事して顕密仏教を広く学んだ。天元元年（九七八）、三十七歳で山門の広学竪義《こうがくりゆうぎ》（法華経の討論会）の竪者《りつしや》（論題を講説する者）に挙げられ、学匠として知られたが、叡山の世俗化を嫌い、横川に隠棲して首楞厳院《しゆりようごんいん》に拠る念仏結社の運動にも関係した。そして、永観三年（九八五）に著した『往生要集』三巻は藤原道長や藤原行成ら貴顕はもとより、源義光のような武士にも愛読されている。

源信はのち筑紫（福岡県）に旅して、宋の商人・周文徳に『往生要集』と良源の『観音和讃』を贈ったが、前著は天台山国清寺に収納された。周文徳の源信宛礼状には、『往生要集』を読んだ宋人が「貴賤みな随喜《ずいき》し、五百人余が出家し、浄財を寄せた」とある。彼の肖像画も宋に渡り同所に収められた。このように、源信の法名は大陸でも知られ、いわば国際的な宗教者だったといえる。

長保五年（一〇〇三）、弟子・寂照の入宋に託して、天台宗の疑義二十七ヵ条を四明山の僧・知礼《ちらい》に質《ただ》したところ、感嘆した知礼は答書を送ってきた。宋における源信の知名度が察せられる。

阿弥陀如来につないだ糸

源信の弟子・寂照以前に、京都の愛宕山《あたごやま》に「西の叡山」を造ろうと発願した奝然《ちょうねん》が十世紀の末に入宋して首都・開府に留学した。寂照の後には『参天台五台山記』を著して大陸に客死した成尋《じょうじん》がいる。奝然、成尋とも時の皇帝・太宗、神宗に謁見するという破格の待遇を受けているが、これは日宋間に正式な国交がなく、中国側が彼ら留学僧を一種の外交使節とみなしていたからと思われる。奝然が、日本は君臣ともに世襲を繰り返してきた来歴を上申し、太宗がうらやましがった話は有名である。

源信は永延二年（九八八）、「横川首楞厳院廿五《にじゅうご》三昧式」を定めて念仏衆の規約とした。

しかし、俗塵を避け、もっぱら横川の恵心院に籠《こも》りきって著述に没頭した。一方、晩年に至り修行した跡を回顧し、念仏二十億遍と豪語している。ここから、念仏と別に経典の読《どく》誦《じゅ》、呪《じゅ》を唱える行も重視していたことが推測される。

源信の臨終は寛仁元年（一〇一七）六月で、阿弥陀像の手につないだ糸を自ら持ち、眠るがごとく往生したという。享年七十六。彼の後半生は、藤原道長が望月を誇った王朝の全盛期にあたり、宇治平等院に代表される浄土教芸術の開花を予測させるものであった。浄土教の観念は貴族社会に浸透したが、やがて末法の観念が重なって一層広まった。

一方で、彼よりやや遅れて登場した南都の永観《ようかん》、融通念仏宗の祖・良忍、高野山に念仏を持ち込んだ覚鑁《かくばん》らは浄土教の新しい立場を模索し、永観の考え方などは、のちの法然の専修《せんじゅ》念仏に一歩接近していると評価される。

源信ゆかりの恵心院は、横川中堂から歩いて十分余の場所にある。織田信長の焼き討ちの際と幕末に焼失しており、さらに昭和四十年（一九六五）に焼けた後、坂本・生源寺の隣にあった別当大師堂を移築した。宝形 造《ほうぎようづくり》の小堂であるが、雰囲気は俗塵を嫌った源信にふさわしい落ち着いたもので、阿弥陀如来を本尊としている。

5　甲賀大工と寺社建築——湖南三山・湖東三山の国宝群

国宝建築物の宝庫

すでに述べたように、八世紀の紫香楽宮や石山寺の造営に伴って、平城京から工匠が大挙して甲賀の地に移住させられた。その子孫には当地に住み着いた者も多く、彼らを総称して甲賀杣《そま》大工と呼ぶ。昭和初年、経済史家の黒正　巌《こくしょういわお》によって学界に紹介された「江州《ごうしゅう》甲賀の大工仲間」とは、大工頭《だいくがしら》中井家管下の特権的組合（クラフト＝ギルド）であって、古代の杣大工の後身である。

黒正巌は、昭和初期に百姓一揆の画期的研究でデビューした経済史家である。甲南（寺庄、現甲賀市）の小川九平氏所蔵の古文書を駆使して大工ギルドの構造を明らかにした。黒正論文によれば、特権は寛永十二年（一六三五）の幕府朱印状で保障され、大坂、江戸、二条、亀岡などの城郭の修築、禁裏の営繕に従事し、京都の中井家の統制に服するのみで、年貢など藩政の関与を免れ、一種の自治権を保持していた。明治以降も大工を家業とする者が多く、郡外、他国に出張して工事を請け負い、甲賀大工の名を輝かせたという。

現在、古代工人の苦心の作である紫香楽宮の建物は残っていないが、当地には彼らの末裔の手になる中世の名建築が今日なお輪奐《りんかん》（壮麗）の美を誇っている。常楽寺（西寺《にしでら》）、長寿寺（東寺《ひがしでら》）、善水寺《ぜんすいじ》（いずれも湖南市）がそれである。

常楽寺は寺伝によると、和銅年間（七〇八〜七一五）、元明天皇の草創と伝える天台の古刹で、鎌倉時代に大火に見舞われる前までは三十余もの堂舎があったといわれる。正和二年（一三一三）には当寺の僧が善水寺に討ち入り、放火したという記録が残っているから、僧兵を抱えてずいぶん殺伐とした雰囲気もあったようだ。本堂（国宝）は南北朝の再建で、純和風の天台寺院建築である。三重塔は室町初期で、こちらも国宝である。先にふれた通り、豊臣秀吉によって園城寺に移築され、今も健在（重文）である。

長寿寺は東大寺の良弁《ろうべん》が聖武天皇の皇子誕生を祈願した功績により創建されたといい、往古には七堂伽藍のほか二十四の僧坊が集中して建っていたという。本尊は子安地蔵で、庶民の信仰が篤い。本堂は寄棟造《よせむねづくり》、檜皮葺《ひわだぶき》で鎌倉初期の再建になり、国宝となっている。三重塔は信長が安土城に摠見寺として移建した（重文）。なお、この両方の寺を東寺・西寺と併称するのは、裏山が阿星山《あぼしやま》（六九三メートル）で、ともにこれを山号にいただくからである。

しかし、建築史上重要なのは鎮守の白山神社拝殿である。長押《なげし》に掲げられていた三十六歌仙の額は、竪挽《たてび》き鋸《のこぎり》（大鋸《おが》）で挽いた現存最古の板であり、永享八年（一四三六）の銘がある。絵は宮廷絵所預《えどころあずかり》で、土佐光弘の筆による。これによって、室町初期にはこの地で製材が行われていたことが判明し、甲賀大工座の先進性が推察されるのである。

竪挽き鋸はこの時代以降、急速に普及し、薄板の量産が可能となり、日本建築に革命的な変化を及ぼした。これによって天井板や縁側、板塀が張られるようになり、山間地では板商売が勃興し、都市住民に板を売り歩いた。

東西両寺に対し、JR草津線をはさんで北側にあるのが善水寺である。最澄がここで桓武天皇の病気平癒を祈ったといわれ、和銅寺という名であったのを、本尊・薬師如来に献じた香水にちなんで善水寺と改名された。本堂は南北朝の建物で、入母屋造《いりもやづくり》、檜皮葺の堂堂とした建築で国宝である。本尊は藤原初期の作で重要文化財、その他、釈迦誕生仏など多くの仏像が残されている。

以上の三ヵ寺はいずれも天台宗に属し、本堂がすべて国宝に指定されている。次に述べる湖東三山の向こうをはって、近年、「湖南三山」のネーミングで売り出し中である。事実、これほど多くの国宝建造物が集中する地域は全国的にも珍しく、じっくり一日をかけて探訪する価値は十分といえよう。

湖南から湖東にかけては、織田信長による激しい焼き討ちに遭った地域だが、これを免れた建築や仏像が多数残る点でも興味深い。善水寺の西約三キロにある正福寺は現在は浄土宗に属する寺だが、平安時代の大日如来や十一面観音（いずれも重文）が残り、「信長の焼き討ちの際は、土中に埋めて守った」という伝承も残されている。

湖東三山

鈴鹿山脈が湖東平野に接する山麓に、三つの天台宗の古寺が点在している。南から順に百済寺《ひゃくさいじ》（東近江市）、金剛輪寺《こんごうりんじ》（愛荘町）、西明寺《さいみょうじ》（甲良町）で、総称して、湖東三山と呼びならわしている。古建築や仏像に恵まれており、なにより紅葉の名所として名が高い。

百済寺は名の通り、百済系渡来人と関係があるという。寺伝では推古天皇十四年（六〇六）、聖徳太子の創建と伝え、百済の竜雲寺を模して建立したというから、渡来人の介在なしには考えがたい。しかし、平安中期には天台系寺院に変わったらしく、建暦二年（一二一二）、『愚管抄』で知られる天台座主慈円の所領譲状案にその名がみえる。

応仁の乱では被災を免れたが、明応元年（一四九二）、将軍足利義材《よしき》（義稙《よしたね》）の六角氏討伐の兵火で炎上した。以後、明応七年（一四九八）、文亀三年（一五〇三）と連続して火災に遭い、とどめは天正元年（一五七三）の織田信長の焼き討ちで、伽藍や坊舎全体が灰燼《かいじん》に帰した。現在の建物は江戸初期の再建である。

百済寺の魅力は、本堂までの幅広い石段とその両脇に残る僧坊の跡の壮大さである。最盛期には三百の僧坊があったというが、苔むした巨石で造られた石段や石垣を見ると、それも誇張でなかったという思いにとらわれる。

金剛輪寺は奈良時代、聖武天皇の勅願で行基の開山と伝えるが、ボストン博物館所蔵の金銅聖観音像の文永六年(一二六九)の銘に「近江国依智《えち》郡之内松尾寺本堂(中略)芳縁《ほうえん》依智秦《はた》氏子孫繁昌」とあり、やはり渡来系秦氏との関連が深い。その後、円仁の巡回で平安前期に台密の寺院となる。本堂は弘安十一年(一二八八)の再建で国宝である。横幅二十一メートルという屈指の大建築で、二天門(室町期、重文)を入って目にするその壮麗さには驚かされる。一説には、鎌倉幕府の北条氏が元寇の戦勝祝いのため、守護の佐々木氏に命じて造営したともいう。

本堂の背後に建つ三重塔は鎌倉前期の創建である。三十年前までは未完成のままだったが昭和四十七年(一九七二)、重要文化財に指定されたのを機に、復元して再建された。金剛輪寺も信長の兵火で山麓から山門に至る諸伽藍は焼かれたが、当時の住職が機転をきかし、「本堂付近で信長の兵による放火と見せかけた火事を起こし」たため、焼かれずにすんだという。

西明寺の本堂と三重塔。いずれも国宝指定の名建築

国宝建築第一号

三山のうち最北の西明寺は犬上郡内にある。開基は伊吹山で修行した三修で、承和元年（八三四）、仁明《にんみょう》天皇の勅願を得て開いたと伝える。しかし、承和年間では三修が幼すぎる点に疑問符もつく。本堂、三重塔はともに鎌倉期の建築で、建造物の国宝指定第一号（仏像は広隆寺の弥勒《みろく》菩薩）となっている。純和様の建物で、どっしりとした美しさは見る者をあきさせない。

ご多分にもれず、この寺も信長の攻撃で、丹羽長秀の軍が元亀二年（一五七一）に攻め寄せたが、山麓の塔頭を焼いたのみだった。一説に、火の手があまりにすさまじく、望見した織田方の兵が、本堂以下が焼け落ちたと勘違いして引き揚げたためともいう。

西明寺で珍しいのは、三重塔初層の柱と壁面の彩色仏画である。柱に金剛界の三十二菩薩を、壁面に法華経の解説を描き、その美しさは境内の紅葉をしのぐといわれる（春秋二季のみ、開扉される。春は四月八日～五月八日、秋は十月八日～十一月三十日）。

以上のように、三山のうち北の二山は門、塔、本堂が中世の姿で残っている。これらを造った大工は、江戸以降に甲賀大工、甲良大工と並び称された。甲良大工の名匠・甲良宗広については、後であらためて述べることにする。

その宗広の祖先にあたる工匠で、いくつか甲良大工の痕跡というべきものが残っている。安土町の佐々木一族の総社である沙々貴《ささき》神社の永正十一年（一五一四）の棟札に大工「藤原五郎左衛門宗光」とあり、天文二十三年（一五五四）棟札にも大工「藤原五郎左衛門吉宗」と記されている。これらの人物は、油日《あぶらび》神社（甲賀市）楼門の永禄九年（一五六六）棟札に「棟梁大工御子息甲良五郎左衛門殿」とあるのを参考にすれば、甲良一族の工匠であろうと考えられる。ここから、戦国期にはすでに湖東・湖南で甲良大工の活躍していたことが推測されるのである。

第三章　中世①

木曽義仲墓（大津市・義仲寺）

1 武家の擡頭と叡山——義仲寺・野路宿・鎌倉期の比叡山

〝旭将軍〟木曾義仲

源頼朝が平氏政権に叛旗を翻し、伊豆に挙兵して以降、文治元年（一一八五）に平氏一門が壇ノ浦に滅亡するまでの、いわゆる源平合戦を治承《じしょう》・寿永《じゅえい》の内乱と呼ぶ。頼朝が相模の石橋山で一敗地にまみれてのち、鎌倉にいてほとんど動かなかったのに比し、華やかに活躍したのが前半は木曾義仲であり、後半が源義経であった。ここでは近江に関係の深い義仲の興亡をたどってみよう。

義仲は頼朝の従弟《いとこ》にあたり、幼時を信濃・木曾谷に送り、北陸を地盤として蜂起した。寿永二年（一一八三）五月、加越国境の倶利伽羅《くりから》峠で平維盛《これもり》軍を大破し、破竹の勢いで京都に迫った。六月十日、越前国府に入った義仲は、延暦寺に檄《げき》を飛ばして自軍の近江入りへの協力を頼んだ。「義仲、近江に入る」の報が六波羅に達したのが六月十三日、京都の朝野《ちょうや》は騒然となった。

一方、七月八日、平氏の総帥・平宗盛《むねもり》は叡山に使いを出して、延暦寺を平氏の氏寺に準じ、日吉社を氏社とするという甘言で誘い、辞を低くして援助を請うた。山門は源平双方から引っ張りだこになったのである。しかし、一山大衆は中立を保持し、平氏側への救援を断った。

湖東を南下した木曾軍は七月十二日、瀬田に達したが、ここで進路を食い止められた。しかし、叡山の中立に力を得た義仲は、兵を分けて宇治方面に向かわせるとともに、自身は僧覚明を先導として湖水を押し渡り、坂本から登山して延暦寺の惣持院に入った。七月二十二日のことである。色を失った平氏は、知盛《とももり》、重衡《しげひら》が瀬田を、資盛《すけもり》が宇治を、それぞれ撤退して京都に引き揚げた。

このままではとうてい京都を防ぎがたいと悟った平氏一門は七月二十四日、安徳天皇を奉じて西海に奔《はし》った。いわゆる平家都落ちである。この前夜、後白河上皇は、いち早く平氏の動きを察知してひそかに仙洞《せんとう》御所を脱し、叡山に行幸した。また、摂政・近衛基通《もとみち》は都落ちの中途から引き返し、姿をくらませた。

義仲は平氏が去って、中二日おいて瀬田から入京し、蓮華《れんげ》王院《おういん》(三十三間堂)の仙洞に戻っていた上皇に忠誠を誓った。しかし、新天皇擁立の件では、以仁王《もちひとおう》の遺子・北陸宮を立てることを強く主張して上皇を困らせている。結局、安徳の異母弟にあたる四歳の皇子が三種の神器なしで践祚《せんそ》した。後鳥羽天皇である。

このあとも、義仲と上皇の対立は続いた。老獪《ろうかい》な上皇は巧みに頼朝と義仲の離間を策し、義仲には諮りもせず頼朝の上洛を促すとともに、同年十月には東海、東山両道の軍事警察権を頼朝に委ねる宣旨《せんじ》を発給した。これを学界では「寿永二年十月宣旨」と呼んでいる。義仲は恨みを含んで院に愁訴したが、上皇は先手を打って法住寺に兵力を集めて武装するとともに、義仲に洛中からの退去を命じた。この無情な処置にキレた義仲は十一月十九日、法住寺を襲撃、放火し、上皇を五条東《ひがしのとういん》洞院の松殿に幽閉した。いわゆる「主君押し込め」である。

笠谷和比古氏（国際日本文化研究センター教授）の『主君「押込」の構造』（講談社学術文庫）で注目された武家社会の慣行であるが、起源は中世にあり、その最初の君主が後白河上皇である。上皇はまず、平治の乱（一一五九年）で藤原信頼、源義朝に拉致され一本御書所《いっぽんごしょどころ》に押し込められ、次いで鹿ケ谷の謀議がもれて平清盛に鳥羽殿に押し込められ、三度目は義仲による拉致である。生涯三度も押し込められた君主は珍しい。押し込めの慣行は、この後も源頼家の修禅寺押し込め、北条時政の伊豆押し込めと、連綿と続いている。

後白河もてあました義仲

義仲は思いのままに頼朝追討の院庁下文《いんのちょうくだしぶみ》を給わり、寿永三年（一一八四）正月には、征夷大将軍となって得意であった。しかし、〃旭将軍〃の天下もつかの間、東からの脅威が迫っていた。

伊勢に進駐していた源義経は、頼朝に仙洞焼き討ちの暴挙を報告し、義仲追討の命を受けた。義仲は上皇を伴って北陸に下向しようとしたが、手兵の大半を河内、宇治、瀬田に分散しており、自身は上皇に逃げられては困ると仙洞を見張っているうち、義経の軍になだれ込まれた。結局、義仲は海千山千の上皇をもてあまし、「敵軍すでに襲来、よって義仲、院を棄て奉り、周章《しゅうしょう》対戦の間、あい従う所の軍わずかに三四十騎」（『玉葉』）というていたらくで近江に逃げ、最期は粟津の泥田で討ち死にした。

義仲の墓はJR東海道線膳所《ぜぜ》駅の北にある義仲寺《ぎちゅうじ》にあるが、これは室町末期に佐々木六角氏が塚を寺としたといわれ、のちにここを訪れた松尾芭蕉の墓と並んで仲良く眠っている。

後鳥羽上皇の蜂起

平家を滅ぼした源頼朝は、鎌倉に幕府を開いたが、源氏は三代の実朝で断絶した。その後は執権の北条氏が実権を掌握し、やがて後鳥羽上皇と北条義時の対立から、承久の乱（一二二一年）が起こった。

承久の乱は、保元の乱（一一五六年）以来の武家の擡頭《たいとう》を決定づけ、東国から西国への人馬の大移動と移住、貨幣経済への移行などを伴った、鎌倉前期最大の政治的事件であった。きっかけは、後鳥羽上皇が関東（幕府）に奪われていた兵権を取り戻そうとした討幕運動であるが、結果は巨大な変革となって現れたのである。

承久三年（一二二一）五月十五日、上皇は幕府の出先である京都守護・伊賀光季《みつすえ》邸を、西国十四ヵ国の軍兵千七百騎を動かして襲撃し、乱の幕が開いた。上皇挙兵の報は十九日に鎌倉に達し、幕府はただちに執権・北条義時の子、泰時を総大将として東国の軍兵を動員し、西下させた。関東軍は、行進の途中で雪だるま状にふくれあがり、京都に迫るころは十九万の大軍となっていた。

京方《きょうがた》（上皇方）は木曾川で関東軍を防ごうとしたが、六月六日、大内惟信《これのぶ》、佐々木広綱、三浦胤義《たねよし》らの名だたる京方守護（大内は摂津と伊賀、佐々木は淡路と阿波など）の軍は戦わずして逃走し、泰時らは同八日、やすやすと近江に入った。はじめて戦況の容易でないことを知った上皇は、自ら鎧《よろい》を着《ちゃく》し、押小路河原の法印尊長《ほういんそんちょう》邸に赴いて軍議をこらし、ついで叡山に登った。尊長は法勝寺執行《ほっしょうじしぎょう》を兼ねる院の近臣で、この乱の参謀ともいえる人物であった。

上皇の叡山行きはひたすら山門の武力を頼ったものだったが、山徒らは木曾義仲のときと同様、「衆徒の微力を以て東士の強威を防ぎ難し」と称し、ていよく上皇らに引き取ってもらった。

泰時を大将とする東国の軍勢は六月十二日、近江野路宿《のじのしゅく》に至り、ここで軍議を開いた。一行には東山道の軍に属していた小山《おやま》氏の一族、幸島《こうじま》行時らの武士も、隊を離れて駆けつけた。おりから、泰時の本営では酒宴が開かれていたが、行時らの参陣が披露されると、感激した泰時は行時らを上座にあげ、郎従まで幕内に招き酒杯を与えた。諸将はみな感激し、東軍の士気はいやが上にも奮い立ったという（『吾妻鏡』）。

野路宿からは東軍は兵力を分け、瀬田に泰時の叔父・時房、田上に安達入道、武田五郎ら、一口《いもあらい》（京都府久御山《くみやま》町）と淀（京都市伏見区）に毛利、結城、三浦義村らをさし向けたほか、残りの兵を泰時が率いて竜門、大石から田原（京都府宇治田原町）に入り、宇治の槇島《まきしま》に至った。この時、三浦義村の子で十八歳の泰村が、父と離れて泰時に従軍した。義村は一族から京方の胤義を出し、責任を感じてわが子を泰時の旗下にさし向けたのである。おりしも梅雨期で、宇治川が増水し、東軍は渡河に難渋したが、結局、ここの突破がきっかけとなり、幕府方が都になだれ込むことになる。

後鳥羽方の敗因

こうして見ていくと、京方は兵力の差で敗れたように思えるが、上皇側には西国三十二ヵ国中、十八ヵ国の守護（元来、幕府が任じた御家人）が加わっており、簡単に負ける戦争ではなかった。京方は優秀な指揮官も欠いていたとはいえ、幕府軍の大勝は結局、戦略と士気の差によるところが大きい。関東がひたすら恐れたのは、後鳥羽上皇が先頭に立っての親征であり、「天子に弓を引く」ことに、実は困惑していた。幕府もはじめは弱気で、碓《うす》氷《い》峠や箱根を封鎖し、最悪の場合は陸奥に逃げることも考えていたのである。

東軍の士気を高める酒宴が開かれた野路宿は、東海道の宿駅で、現在の草津市野路町にあった。ＪＲ琵琶湖線南草津駅から東に向かうと国道一号に突き当たるが、それを越えると旧東海道が国道に交差する形で南北に走り、集落は交差点の南側、旧道の両側にかたまっている。野路は東海道と伊勢路（近世の東海道）が分岐する手前にある戦略上の要地で、平治の乱に敗れた源義朝や、源平合戦で北陸に向かう平維盛らも、みなここを通り、あるいは駐屯した。中世の面影は想像するしかないが、壇ノ浦で捕らえられ、この地で斬られた平宗盛の長男・清宗の胴塚が残るなど、歴史の舞台だったことをしのばせる。

寿永二年（一一八三）の戦乱も、承久の合戦も、京都側がまずあてにしたのは山門大衆《だいしゅ》の兵力（僧兵）であった。現在では意外な気がするが、当時はあなどれぬ戦力だったのである。のちの南北朝時代の後醍醐天皇も、足利尊氏との戦争では叡山に籠城して戦っている。寿永・承久の両役とも、山門が中立を宣言したことが戦局に微妙に影響した。日和見のようにも見えるが、山門大衆も情勢を客観的に分析しており、〝勝ち馬〟に乗る策を取ることで、結果的に武家の時代に山門勢力を温存することに役立ったといえる。

新仏教の祖師の足跡

さて、ここで近江をめぐる時空散歩は比叡山に戻る。この地はいわゆる鎌倉新仏教の母胎なのである。鎌倉新仏教の祖師たちは、いずれも若年時に叡山で修行を積んでいる。入山は法然が最も早くて天養二年(一一四五)、ついで栄西の仁平四年(一一五四)、親鸞の治承五年(一一八一)、道元が建暦二年(一二一二)、日蓮が仁治三年(一二四二)と続いている。

法然(一一三三～一二一二)は美作国《みまさか》(岡山県北東部)久米郡の押領使《おうりょうし》(治安担当官)であった漆間《うるま》時国の息子だったが、九歳のとき所領の争いで土豪・明石氏の夜討ちを受け父が殺されたが、比叡山で出家した。『扶桑略記』の著者、皇円に師事して「知恵第一の法然房」とうたわれたが、十八歳のときに恵心流の浄土教が盛んだった黒谷別所に移り、安元元年(一一七五)ごろ、専修念仏に帰する浄土宗を開いたという。

栄西(一一四一～一二一五)は備中(岡山県西部)吉備津《きびつ》神社の神職・賀陽《かや》氏の出身で、十四歳で入山して受戒し、伯耆《ほうき》（鳥取県西部）大山寺などで修行した。のち博多で宋の仏教にあこがれ、仁安三年（一一六八）に入宋し、同年秋、俊乗《しゅんじょう》房重源《ぼうちょうげん》とともに帰国した。栄西はなおも天竺（インド）入りを志し、文治三年（一一八七）、再び入宋する。しかし、華北西域は金、西夏、西遼などに分裂していたために天竺入りは果たせず、天台山に参禅し、建久二年（一一九一）に帰国して、喫茶と禅を伝えた。

浄土真宗の開祖・親鸞（一一七三〜一二六二）は中流公家・日野家の出で、父は日野有範《ありのり》である。出家して九条兼実の弟・慈円に師事した。さらに法然の門に入り、後鳥羽上皇による建永（承元）の法難（一二〇七年）では連座して越後（新潟県）に流された。四年後に許されたが、なお越後、ついで常陸（茨城県）にとどまり、布教に専念した。京都に戻ったのは六十歳のころという。

親鸞は確実な記録にその名が現れず、明治〜大正期には史学者でその実在を疑う者も少なくなかった。しかし、辻善之助博士（東京大学教授・文化勲章受章者）の聖教調査と考証により、大正の後半に至って実在が証明された。

曹洞宗の祖・道元（一二〇〇〜五三）は内大臣・源通親《みちちか》を父に、摂政・松殿基房の娘を母として出生した。鎌倉仏教の祖師中、飛びぬけて高貴の出自である。十三歳のとき、養父・藤原師家の制止を振り切って入山出家したといわれ、横川首楞厳院に入り、座主の公円について得度した。ついで貞応二年（一二二三）に入宋し、天童山の長翁如浄《ちょうおうにょじょう》に会って悟りを開き、帰国した。

しかし、道元の禅に対する比叡山の圧迫は激しく、門弟らの勧めで寛元元年（一二四三）、越前（福井県北東部）志比庄《しびのしょう》に避難し、永平寺を開いた。建長五年（一二五三）に亡くなったが、出自の高さと逆にまったくの無位無官の黒衣の平僧として生涯を終えた。

日蓮（一二二二〜八二）は、安房《あわ》（千葉県南部）の「海人《あま》が子」の生まれで、父の名は伝わらない。二十一歳の時、比叡山に登り、山門三塔の総学頭であった南勝房俊範に師事し、東塔無動寺谷で修行した。この間に反浄土教、法華経至上主義に到達したといわれ、建長四年（一二五二）ごろ、安房に戻って法華経の布教を始めた。

新仏教の遺跡

以上五人の祖師の開宗の背景は、武士の登場、院政、内乱、宗教上の強訴《ごうそ》の頻発など社会の大変動期で、民衆が強く救済を求めた時期であり、仏教史上も変革が求められていたといえよう。

五人にゆかりの遺跡は、山上に数多い。親鸞の修行の跡は無動寺谷の大乗院と西塔椿堂の向かい側に、ひっそりと石碑が立っている。栄西の修行地は東塔バスセンターの奥に、道元の得度の地は横川元三《がんさん》大師堂の東方に、日蓮修行地は横川の定光院に、法然の得度の地は東塔法然堂に、修行の地は黒谷青竜寺にそれぞれ位置する。

鎌倉新仏教の諸宗は教科書にも大きく扱われるが、現実の中世社会にその宗派が力を持つのは、栄西の臨済宗を除けば二百年以上経過した応仁の乱の後のことである。臨済宗は、元寇の前後に中国から高僧が来朝し、鎌倉幕府の庇護もあって中央で勢力を伸ばすものの、他の宗派、ことに山門の弾圧をこうむった浄土宗や浄土真宗、日蓮、曹洞の各宗派は永く雌伏を余儀なくされた。大伽藍を擁して勢力を張るのは、ひとえに顕密の旧仏教寺院であり、彼ら自身、大土地所有者で、かつ封建領主といってよかった。

2　中世の民衆たち──葛川谷の開発・大笹原神社

たび重なる訴訟合戦

葛川明王院の項（第二章3節）でふれたように、安曇川《あどがわ》上流域は不動明王に直接隷属する聖域として、行者衆と常住の在家五軒の住人によって厳密に管理されてきた。在家三軒（のちに五軒）にかぎるという制限は、慈円が天台座主のときに定められたと葛川では称していた。しかし、鎌倉時代も中後期になると、畿内近国では開発が進み、山間僻地、海浜の津々浦々に、人々が定住の場を求めて生業を拡大するようになる。このような動きを、歴史家の網野善彦は、日本民族の形成期と規定した。

葛川谷でも、住人が五軒を超えて増加し、また南隣の伊香立庄《いかだちのしょう》から庄民が薪《たきぎ》や炭を採取するために入り込んで、激しい開発争論（訴訟合戦）が繰り広げられた。争論は史料に知られるだけでも、建保六年（一二一八）、建長八年（一二五六）、文永六年（一二六九）、文保元年（一三一七）と計四度、起こされ、山村の争論としてはまれにみる激しいものであった。

葛川も伊香立庄も、ともに領主（本所）は山門を統括する青蓮院門跡《しょうれんいんもんぜき》である。しかし伊香立庄の庄民が「庄官・百姓」と自称したのに対し、葛川の民は「常住・住人」と自称し、当地は荘園ではなく、明王に直隷する聖域、霊場の奴《やっこ》であるという意識を持ち続けた（下坂守氏「葛川・伊香立庄相論考」）。

争論の経過は複雑で、紆余曲折《うよきょくせつ》をきわめるが、要約すると、伊香立庄民による越境、薪炭採取に対する葛川住人の憤懣《ふんまん》、一方で在家五宇の制限を超えての葛川住民増大に対する伊香立側の怒りが衝突して、度々の訴論となったものである。この訴訟を裁くのは本所青

葛川明王院絵図（明王院提供）。
右上に炭窯が描かれている

蓮院であり、鎌倉幕府は一切、関与しない。なぜならば、葛川・伊香立とも、地頭を名乗る武士のまったくいない、排他的な寺社一円荘園だったからである。

人間あっての仏法

ここに掲げた写真は、文保の争論の際、葛川側が作成して証拠採用された彩色の絵図である。横長の紙面を左右に横切る安曇川を引き、上段（比良山）に街道（敦賀街道）と、伊香立側が出作した炭窯数個を描く。左上は明王院と地主神社で、素朴な描法ながら、鎌倉時代の絵図上、屈指のものといわれる。

文保の争論は、文保元年七月に葛川・伊香立双方の住民による武力衝突に端を発したものので、在家五軒を根拠に、葛川住人の激増を

指弾する伊香立庄側の言いぶんに押され、葛川側は苦しい立場に追い込まれた。葛川住人の苦衷をまのあたりにした行者衆は文保二年（一三一八）七月、青蓮院へ衆議状を差し出し、青蓮院が伊香立をひいきするのは「下情が上に通じない」せいだとし、次のように葛川住人を支援した。

田畠、民屋せまく、山野を開発し、新開の村ができるのは、所々のならいです。当所に限りません。「人法の繁盛は仏法の繁盛である」というのに、葛川の主張を打ち棄てられるのはどうしたことですか。在家の増加は志古淵《しこぶち》明神の神慮によるもので、世俗のさかしらでもって測りがたいことではありませんか。

このように、行者衆は明王あっての住民という立場を逆手に取り、「人間あっての仏法だ」と人間中心主義ともいいうる注目すべき論理を持ち出したのである。この行者衆の支援がものをいって、二ヵ月後、青蓮院は葛川の在家制限を撤廃する判決を下している。

人法繁盛、人法興隆は鎌倉後期の時代思潮ともいうべきスローガンで、葛川に限らず、諸所の寺社、荘園で主張されるようになった。背景には、鎌倉新仏教の人間観も反映しているように思われる。

坊村の明王院には、平安後期から江戸初期に至る数千点の古文書と、写真の絵図その他が伝来してきた（現在は京都国立博物館に寄託）。それ以外にも、若干の葛川に関する文書が京都大学と国会図書館に分蔵されている。また、明王院に伝わった文書類は、村山修一博士の編により『葛川明王院史料』（吉川弘文館）として活字になっている。このように山門系の諸荘園のうち、唯一、史料に恵まれた地域となったのは、葛川という僻地にあったために、織田信長の焼き討ちを免れたからである。

今日、安曇川上流域には坊村のほか中村、木戸口、坂下、平と四つの集落が点在するが、その存立基盤は文保二年に出された行者衆の上申書「人法繁盛は仏法繁盛」から出ているといってよかろう。

三棟の国宝本殿

湖南・湖東の寺院建築は既述したので、今度は神社建築を見ていこう。

中世は基本的に神仏習合の時代で、「神祇不拝《じんぎふはい》」（阿弥陀仏のみにすがり、神を拝まない）を唱えた浄土真宗以外の寺院は、必ず境内社、鎮守社をかかえ、大きな神社には別当寺や神宮寺を付属させるのが常だった。

また、石清水八幡宮《いわしみずはちまんぐう》や北野天満宮のような京都近郊の大社は、善法寺《ぜんぽうじ》氏や松梅院《しょうばいいん》氏といった別当寺の僧侶が「社僧」として神事一切をとりしきった。総じて仏教の勢力が神祇よりも強大で、国家の中枢に近づくほど、そうした構造になっていた。しかし、末端の村落では多少、事情が異なる。村には早くから共同体の組織としての「宮座」があり、鎮守社は村人が管理し、仏教勢力の関与は比較的薄かった。その典型的な事例を、湖東の各地で見ることができる。

湖東地方で国宝に指定されている中世の神社建築は三棟ある。南から順に御上《みかみ》（三上）神社（野洲市）、大笹原《おおささはら》神社（同）、苗村《なむら》神社（竜王町）の各本殿で、御上、苗村社は鎌倉時代の建立である。重要文化財にまで広げればこの数倍の社殿があり、近江は実は中世神社建築の宝庫なのである。

苗村神社は近郷三十三ヵ村の総鎮守であり、氏子圏は北は東近江市、近江八幡市に及ぶ。平安時代の名社リストである『延喜式《えんぎしき》』神名帳《じんみょうちょう》には「長寸《ながすの》神社」の名でみえ、正月の門松に使う松の苗を禁裏に献じたので苗村の字を移したという。

国宝の西本殿は徳治三年（一三〇八）の建築だが、同社には建保五年（一二一七）以来の棟札が残っている。建保の棟札では、佐々木義綱、同六郎の佐々木一族が修造の神主となっているが、徳治の棟札では「岩王御前並村人」が願主として記され、惣村の自治を担った村民層が早くも現れる。

　ところが室町時代の文明八年（一四七六）の棟札によると、造営には「九村の老少男女一人残らず人別廿文《にじゅうもん》ずつをもって出作」とあり、塗師《ぬし》は八日市、赤金《あかがね》大工は横関、鍛冶《かじ》大工は綾戸という具合に、すべて近郷の工人によって修造されている。村民が鎮守社の維持管理に関与を深めていく様子が明らかである。それでも真言宗寺院との習合現象はみられ、幕末までは付近に庵室と護摩堂《ごまどう》があったが、明治初年の廃仏棄釈で破壊された。

　大笹原神社の本殿は応永二十一年（一四一四）の再建で、願主は守護・六角氏の被官《ひかん》だった馬渕氏である。文亀元年（一五〇一）の屋根葺き替えの願主は馬渕氏の被官・永原氏で、苗村神社に比べれば地侍・土豪層の関与が強い。本殿は近江には珍しい正面三間《さんげん》の入母屋造で、華麗な彫刻で飾られる。洗練された意匠は中央の大工の手になるとみられ、永原氏ら土豪の豊かな経済力がうかがえる。

　御上神社は本殿のほか、拝殿、楼門、摂社若宮社の四棟が鎌倉期の建立で、拝殿は平安末期にさかのぼるとの説もある。「近江富士」三上山（標高四三二メートル）を神体山とする古社で、養老元年（七一七）の創建と伝える。神仏習合の色合いが強く、本殿の柱の礎石には、仏教的な蓮華文《れんげもん》が刻まれている。地域的には湖南に属するが、田上山《たなかみ》作所の項（第一章4節）でもふれた大津市大石富川の春日神社の本殿は二間社入母屋造という珍しい様式で、しかも鎌倉末期の建築である。

これら四つの建物は、様式的にいえば流造《ながれづくり》一棟（苗村神社西本殿）に対し、入母屋造三棟に及ぶ。しかし、近江全体では圧倒的に流造が多く、指定文化財の九割に達する。近江は延暦寺の鎮守である日吉《ひよし》大社本殿の様式である日吉造《ひえづくり》が多いはずだが、実は日吉造は本社以外に残っていない。流造は山城国一宮である賀茂社（上賀茂、下鴨神社）の様式であるが、荘園などに関係なく全国的に流行した。ただ、奈良県では春日大社の地元らしく、春日造が強く根を張っている。

3　南北朝・室町期の寺社——番場蓮華寺・地主神社・堅田祥瑞寺

両統迭立と後醍醐の倒幕運動

中世の東海道は、鈴鹿峠を越える伊勢道ではなく、江戸時代の中山道を通っていた。『太平記』の「俊基《としもと》東下り」の条に「老蘇《おいそ》の森の下草に駒を留めて（中略）番場、醒ケ井《さめがい》、柏原《かしわばら》、不破の関屋は荒れ果てて」とあるとおり、京都から鎌倉へは、この不破越えをたどった。番場（米原市番場）は、鳥居本《とりいもと》で北国街道と分かれ、美濃へ向かう最初の宿にあたる。

蓮華寺は、旧中山道（中世東海道）から名神高速道路を隔てた東方、山側にある。聖徳太子創建と伝え、鎌倉時代中期に時宗の寺（現在は浄土宗）となり、延慶二年（一三〇九）には、花園天皇が勅願所に指定した。近代日本画の巨匠、平福百穂《ひゃくすい》は当寺の住職と親交があり、名作『蓮華寺和尚』を描いたことは日本画ファンなら知る人も多いだろう。ここが六波羅探題終焉の地となったことは、鎌倉時代史の最後を飾るエピソードの一つである。

さて、蒙古襲来の頃、執権北条氏への権力集中が進み、得宗《とくそう》による専制政治が行われるようになり、人々は不満を募らせていた。一方、その頃、皇統は持明院・大覚寺両派に分立し、交互に天皇を出すようになっていた。そんなおり、大覚寺統の後醍醐天皇は天皇親政の復活を宣し、承久にならって倒幕運動を企てたが（正中の変・元弘の乱）、失敗して捕らえられ、隠岐に配流されていた。

後醍醐天皇（実は上皇）が同島を脱出し、名和長年《なわながとし》に迎えられて船上山《せんじょうさん》（鳥取県）に入ったのは正慶二年（元弘三年＝一三三三）閏《うるう》二月末のことであった。三月二日、出雲と伯耆《ほうき》で後醍醐上皇方の軍が優勢となり、畿内でも赤松則村（円心）が京都に進出した。幕府が擁立した光厳《こうごん》天皇、後伏見、花園の両上皇は六波羅探題の館にかくまわれた。

京都危うしの急報に驚いた鎌倉は、足利尊氏を上洛させ、四月十六日、尊氏は入京したが、実はひそかに船上山の上皇と款《よしみ》を通じていた。さりとは知らぬ後伏見上皇は、尊氏を「頼もしく聞こしめして」(『増鏡』)伯耆の賊を討伐せよとの院宣を与えた。

尊氏はこれにしたがうと見せて四月末、丹波に向かったが、諸国に檄を飛ばして軍を集め、五月七日の払暁、赤松円心と示し合わせて西方から京都に突入した。この日の京都の阿鼻叫喚の状況を『増鏡』は、

ほのぼのと明くるほどより、大宮の木戸どもを押し開きて、二条より下七条の大路を東ざまに七手にわけて旗を差し続けて、六原を差して雲霞《うんか》のごとくたなびき入るに(中略)日ぐらし八幡、山崎、竹田、宇治、勢多、深草、法性寺など燃え上がる煙ども四方の空にみちみちて日の光も見えず、墨を摺りたるようにて暮れぬ

と描く。

六波羅探題の滅亡

かくて北条仲時（北方）、時益（南方）の両探題は天皇、上皇を奉じて夜陰に乗じて近江方面に脱出した。三人の皇族にしたがったのは、大納言日野資名《すけな》、中納言坊城《ぼうじよう》俊実《としざね》ら、わずか数人の公卿ばかりであった。探題南方の時益は七日夜、四宮河原で流れ矢にあたり死んだ（『梅松論《ばいしようろん》』）とも、近江守山まで落ち延びて落命した（『増鏡』）ともいい、明らかでない。

こうして北方の仲時だけが、天皇、上皇を奉じて番場にたどりついたわけだが、「伊吹という辺《ほとり》にて、某の宮とかや、法師にていましけるが、先帝（後醍醐）の御心寄にて（中略）待ち受けて矢を放ち給う。また京よりも追っ手かかるなど聞こえければ」（『増鏡』）という状況でついに進退窮まり、主従四百三十人余が集団自殺を遂げたのである。

ときの蓮華寺住持・同阿《どうあ》良向は自刃した主従一行を哀れみ、菩提を弔うため四十八日間の三昧念仏を修し、四百三十余人の交名《きようみよう》を注した『陸波羅《ろくはら》南北過去帳』（国重文）をつくり、墓石を安置した。大小の五輪塔がびっしりと並ぶ光景は、武者たちの無念がいまなお境内に漂っているようである。

なお、集団自殺の直前、家臣らは「恐れながら、仙洞を害し奉り、討ち死に自害仕るべし」（『梅松論』）と三皇族の弑害《しいがい》をも主張したが、仲時が「我ら命を生て君を敵に奪はれんこそ恥なるべけれ、命を捨て後は何事かあるべき」と言って、三皇族の助命を行ったのは美談として知られる。

新羅善神堂

湖東の神社建築に続いて、湖西を見ていこう。

湖西地域にあって、国宝に指定されている神社建築は、日吉大社の東西の本殿と園城寺の新羅善神堂《しんらぜんしんどう》の三棟である。うち前の二棟は、織田信長の比叡山焼き討ちのあとの桃山時代の再建で、中世建築としては新羅善神堂のみということになる。

新羅善神堂は、園城寺の項（第二章3節）でも紹介したように同寺の鎮守社であって、円珍が中国から帰航の途次に、夢のお告げで新羅明神が仏法守護を約束したことにちなむという。しかし、既述のように、生前の円珍と園城寺の縁は薄く、新羅明神は滋賀郡司であった豪族・大伴黒主の氏神であったというのが実情らしい。

しかし、新羅明神は清和源氏の祈願崇敬を受け、平安中期、源頼義が前九年の役（一〇五一〜六二）で東北地方に下向する際、新羅明神に戦勝を祈ったとされ、頼義の三男、義光は当社の前で元服し、「新羅三郎」と称した。また、頼義の末子、快誉は園城寺に入って僧となった。義光は関東に土着したが、墓は今なお新羅善神堂の南の石段を登ったところにある。

新羅善神堂の本殿は、南北朝時代の貞和年間（一三四五〜五〇）、足利尊氏の寄進になる建物である。新羅三郎義光は尊氏の遠い祖先にあたるからであろう。社殿の様式は近江に多い三間社流造、屋根は檜皮葺《ひわだぶき》である。正面にある欄間《らんま》の彫刻の鳳凰と牡丹唐草の模様は秀逸で、国宝指定の決め手になった。

私が大学院生だった一九七〇年頃、当社に参拝のおり、社務所の老婦人にうかがった話では、先の大戦の爆撃の際、爆風を受け、欄間は吹き飛ばされたが、かろうじて拾い集めて復元することができたそうである。ご神体の新羅明神坐像（国宝）は秘仏で拝することはできないが貞観《じょうがん》彫刻と伝え、資料写真によると三山冠《さんざんかん》をいただき、着衣の色彩も鮮やかな神像である。同時代の日本の神像の温和な相貌に比し、鬼気迫る表情で、忘れがたい印象である。

中世社殿の白眉、葛川地主神社

湖西では、小野や和邇《わに》近辺に鎌倉末から南北朝にかけての社殿が三棟（いずれも重文）、現存する。しかし、私が中世社殿の白眉とひそかに推奨する建物は、葛川《かつらがわ》明王院（大津市葛川）の鎮守・地主《じしゅ》神社である。

葛川明王院の項（第二章3節）でも書いたように、葛川は九世紀後半、相応《そうおう》和尚によって開創された。相応が三ノ滝の修行中に不動明王を感得したのは思古渕《しこぶち》神の神託によるといい、この神を祀ったのが地主神社である。

思古渕神というのは元来、水の神で、川筋で生業を営む筏師《いかだし》に守護神として崇められていたから、その起源は古い。高嶋山作所が安曇川の支流に開かれたのが八世紀だから、思古渕神の信仰もそのころにさかのぼるのであろう。

地主神社の本殿（重文）は三間社春日造という非常に珍しい様式である。春日社は奈良の本社の威勢が強く、長い間、一間社の古格を誇り、建て替えの時期に廃棄される旧社殿を地方に払い下げたりしたため、一間社の様式がもっとも流布している。中世の三間社というのは、筆者の記憶ではここだけだと思う。

幣殿《へいでん》（重文）は唐破風《からはふ》屋根の妻入りで、本殿正面からT字形に接している。ともに文亀二年（一五〇二）と戦国時代初期の建築であるが、軒下四面に蟇股《かえるまた》が完備し、その意匠は牡丹唐草、笹竜胆《ささりんどう》、蓮華など多様をきわめすばらしい。幣殿の蟇股は牡丹に獅子、桐竹鳳凰と、これも精巧さを尽くしている。

本殿の内陣には、国常立尊《くにのとこたちのみこと》をはじめ男神坐像六体、女神坐像一体、僧形《そうぎょう》神像一体の計八体が収められ、鎌倉初期の彫刻としていずれも重文に指定されている。

神々は元来、一定の場所に定住することなく、祭祀に降臨しては天上に帰還するものであった。それが仏教建築の影響下に恒久の社殿が成立したのは、六〜七世紀ごろのことという。それも初期は二、三十年ごとに造替《ぞうたい》を繰り返し、必ず新しく造り替えられるのが原則であった。したがって古い社殿は残らないのがならいで、残っているのは式年造替の慣行が廃れたことを意味する。名神《みょうじん》大社の建物で古い時代の遺構が少ないのはこのためで、かえって地方の末社に古い時代の社殿の遺構が残る例が多い。

一休の青春時代

鎌倉新仏教のうち、臨済宗は南北朝以降、幕府の保護で体制仏教となり保守化した。そのなかで、特異な教風で一世を画したのが一休宗純《そうじゅん》（一三九四〜一四八一）である。一休は後小松天皇の皇子、つまり称光天皇の兄にあたり、いわゆる御落胤《ごらくいん》である。称光天皇が正長元年（一四二八）に崩じて皇統が断絶に瀕した時、一休が継嗣にならなかったのは、いったん僧籍に入れば皇位は継げないという不文律があったためである。

一休の皇胤説については、疑問視する学者もあるが、東坊城和長《ひがしぼうじょうかずなが》の日記（『和長卿記』）に皇族であることが明記されていること、また文安年間（一四四四〜四九）に一休が断食（ハンスト）を敢行して死にかけた時、後花園天皇が一休を諭した手紙に「正嫡《しょうちゃく》これにて断絶候べき」と呼びかけている事実（『酬恩庵文書《しゅうおんあん》』）から、皇胤は動かせない史実とみられる。また、京田辺市にある酬恩庵（一休寺）の一角には「宗純王墓」があり、宮内庁も一休を皇族扱いしている。

さて、生母の花山院《かざんいん》氏が南朝方の公卿の出であるといった名目で、一休母子は幼時に足利義満の指示によって宮中を追放された。一休を禅寺に入れたのは義満の指示といわれる。早くに臨済宗大徳寺派の喝食《かつじき》（小僧）となって以降、諸寺に参禅したが、よい師に恵まれなかった。ついに瀬田唐橋から琵琶湖に身を投じて死のうとしたが人に止められ、二十二歳の時、堅田の興禅庵に華叟宗曇《かそうそうどん》の門をたたいた。

しかし、華叟は入門を許さなかった。『一休和尚年譜』には「門を閉じ峻拒す。師（一休）、意《こころ》に誓う。われ一謁《いちえつ》を得ずば、死をここに決せんと」とある。入門を請う雲水を、わざと謝絶し、数日、放置しておくのは、「庭詰《にわづめ》」と称する禅寺の慣習であり、若い修行僧にとっては最初の試練である。一休は朝から夕まで、庵の玄関で敷居に頭をすりつけ、夜は湖岸の捨て小舟に座禅して四、五日が過ぎた。

六日目、華叟が外出しようとして依然、一休が伏しているのを見て、寺男に「急ぎ水をそそぎ、枝をもって遂《お》うべし」と言いつけた。夕方、庵に戻ると、一休はなお頭《こうべ》を垂れている。さすがにその熱意に動かされた華叟は、一休を招きあげた。言葉を交わしてみると、「一語投契《とうけつ》し、孜々《しし》として参請す」、すなわち意気投合し、華叟は入門を快諾したのである。

華叟は播磨の出で、大徳寺の徹翁義亨《てっとうぎこう》に師事した高僧である。晩年は近江に俗塵を避け、湖北の高源庵（西浅井町塩津、現在の応昌寺）と堅田を往来し、正長元年（一四二八）、高源庵で没した。

一休と華叟の「一語投契」は、しかし先輩僧の嫉視にあい、師との面会を妨げられ、はては一休が師と他僧との問答を盗聴していると告げ口するに至り、華叟は一休と示し合わせ、わざと一休を遠ざけるふりをした。

一休は寺には住まずに、夜ごと湖岸の舟で座禅するのが常であった。そして一人の漁師と親しくなるが、食事も満足にとれない一休に同情した漁師は、おりおり粗末な夕飯を提供した。しかし、漁師の妻は一休を嫌悪し、鍋釜をがんがん叩き、座禅の邪魔をするのだった。

二十五歳の時、一休は京都で琵琶法師の語る『平家物語』の祇王《ぎおう》が平清盛の寵《ちょう》を失い落飾《らくしょく》する段を聞き、悟りを得た。華叟が「一休」の道号を彼に与えたのはこの直後のことという。とにかく、堅田時代の一休は彼の二十代のことで、後年の独自の禅風を形成する重要な修行期にあたっていたと思われる。

興禅庵は現在、祥瑞寺として、浮御堂《うきみどう》（満月寺）の西北にある。この一帯は中世の堅田の町にちなんだ古寺が多く、一向一揆と蓮如の旧跡で知られる本福寺は祥瑞寺のすぐ南隣にあたる。「堅田の湖族」として名をはせた水軍の頭領で土豪の居初《いそめ》家は、祥瑞寺の北方、本堅田二丁目の湖岸にある。その庭園「天然図画亭《ずえてい》」は、琵琶湖を借景に取り入れた雄大な眺望が特色で、国の名勝に指定されている。

「一休和尚修養地」の石碑が立つ祥瑞寺

なお、一休といえば、「とんち小僧一休」の話が有名だが、これらはほとんどが江戸時代以降に作られたもので、室町時代の文献には登場せず、史実とはいえない。徹底して偽善を嫌い、破戒無慚《むざん》を売り物にした一休の後半生、その特異な禅僧としてのあり方から思いつかれたものであろう。川口松太郎の『一休さんの道』、岡松和夫の『一休伝説』など、小説家にも人気のあるキャラクターのようで、晩年の水上勉も思い入れが深かった。

4　山門の全盛と一向宗の興隆——日吉大社・延暦寺釈迦堂・本福寺

急増する荘園

白河法皇が「天下三不如意《ふにょい》」の一つとして、賀茂川の水、双六《すごろく》の賽《さい》とともに比叡山の山法師を挙げたことは有名である。その法皇がよって立つ「院政」なる政治形態にしてからが、平安後期の社会変動に天皇と律令制では対応できなくなった結果の、苦肉の制度であった。社会変動とは、いうまでもなく武士の擡頭と、寺社の強訴《ごうそ》である。

「ローマは一日にしてならず」というが、比叡山延暦寺の領地も一朝で形成されたものではなく、平安中後期三百年の歳月をかけて成長したものである。

天長八年（八三一）、近江国分寺供料を割いて山僧二十四口《く》の供養に充てたのが延暦寺領の初見というが、良源が座主となる十世紀までは律令の規定する出挙稲《すいことう》や国衙《こくが》の正税が山門の経済を支えていた。しかし、摂関家の藤原師輔《もろすけ》の子、尋禅《じんぜん》が良源に入門して以来、公家の子弟が山僧（山法師）となる例が続出し、荘園も激増した。最も寺領が増えたのは十二世紀の鳥羽院政期であろう。

比叡山に伝わった多くの文書記録は、織田信長の焼き討ちによって消滅したが、それでも現在、二百八十五ヵ所の荘園（寺領）の名が知られる。それによると、近江一国で百二十六ヵ所、滋賀郡だけで二十七ヵ所を数える。ほぼ半数の荘園が近江に集中しているといってよかろう。また、建保元年（一二一三）に慈円が道覚法親王に譲った青蓮院門跡領だけで八十数ヵ所あったという。

「山上山下三千坊」というのは誇張としても、山門領六万石という数字は、比叡山の寺領が最も膨張した鎌倉中後期の実態をほぼ表しているという。これらの寺領の保護のため堂《どう》衆《しゅ》、大衆《だいしゅ》と呼ばれた下級僧侶が武装化し、僧兵として知られる存在になった。

日吉神人の財テク

琵琶湖は北陸の物資が畿内に入る交通路にあたっており、山門は湖上関という関所を設けて膨大な通行税を徴収した。その数も半端ではなく、坂本七ヵ関、堅田関所、日吉船木東・西関、湖上奥嶋関の十一ヵ所があった。坂本七ヵ関は日吉七ヵ関ともいい、本関に加え、導撫《どうぶ》関、講堂関、横川関、中堂関、合関、西塔関であって、伽藍ごとに関所を擁していたことがわかる。

中世は寺社の金融が盛んだったが、なかでも日吉大社は山門の権勢を背景に寺領から納められる金を、日吉上分米《じょうぶんまい》と称して高利で貸し出した。藤原定家は「妻子を帯び、出挙して富裕なるもの、悪事を張行《ちょうぎょう》し、山門に充満す」と日記（『明月記』）に批判的に書いている。

こうした高利貸や商業活動にあたったのは、日吉大社に属した神人《じにん》と呼ばれた人々である。南北朝期に五山の禅院が擡頭して叡山の独占的経済力は揺らいだとはいえ、京中の土倉《どそう》（高利貸商人）の八割は日吉神人による経営だったという。担保として入手した零細な田畑は日吉田《ひえでん》と呼ばれ、京都周辺の各所に散在していた。日吉社の神人は債権取り立てのため公家屋敷にも乱入し、狼藉《ろうぜき》を働くので、人々に恐れられた。

室町幕府が京に五山を創建すると、山門の大衆は硬化して妨害の強訴を繰り返した。南禅寺の楼門を造営する資金捻出《ねんしゅつ》のため、山科四宮河原に設けられた関所を三井寺の稚児が不払いで通過したため争いとなり、応安元年（一三六八）には山門大衆が禅宗の興隆を非難した。執政・細川頼之は山門の強訴に手を焼き、翌年七月、ついに造営途中の南禅寺楼門は撤去され、礎石もはがされるに至った。この十年後、親政を始めた足利義満は懐柔策に転じ、やがて山門の大衆は、義満のおとなしい生徒に成り下がる。

それにしても、以上のような比叡山の財力は、近江守護・六角氏の権力と相克し、室町幕府は統制に苦慮した。そこで幕府は、近江国内の山門領の行政権を守護から山門使節と呼ぶ有力山徒の連合に移し、また湖上諸関の通行許可も山門使節の管轄とし、山徒を懐柔する政策を採った。これは足利義満の高度な政治的判断だったが、増長した山徒、使節らはやがて幕府と正面衝突し、次項にみる永享《えいきょう》の山門騒動を引き起こすことになる。

神人を擁し、神威を背景に金融、財テクに奔走した日吉大社——。JR湖西線比叡山坂本駅から続く参道を登ってゆくと、山門公人《くにん》と呼ばれた神人たちの屋敷が昔ながらに残り、中世坂本の繁栄がうかがえる。

日吉大社を特徴づける山王鳥居

境内の入り口を流れる大宮川にかかる大宮橋は日本最古級の石橋で、国の重要文化財である。その先にある鳥居は、特異な形態をした山王《さんのう》鳥居として知られる。東西の本宮本殿は堂々とした名建築で、前節でも触れたように国宝である。また東本宮北側の急坂を一キロほど登ると、摂社の牛尾神社、三宮神社の本殿・拝殿（ともに重文）に至る。豪壮な懸崖造《けんがいづくり》の様式で、もと日吉大社の神体であった岩坐《いわくら》を祀ったものである。

永享の山門騒動

応永三十五年（一四二八）正月、四代将軍足利義持が、腰に生じた腫物《はれもの》が悪化して急死し、後継の室町殿（足利家の家督、武家の棟梁）には義持の弟で青蓮院門主の義円が就任した。足利義教《よしのり》である。

義教は二十余年間、青蓮院門主の地位にあったばかりでなく、天台座主も兼ね、比叡山の表裏を知り尽くした立場にあった。このような高僧が還俗して、将軍家を継ぐことになったのである。しかも、義教が後嗣に決まったのは、義持の指名でも諸大名の合議でもなく、石清水八幡宮の神前で、管領が引いた籤《くじ》によるものであったから、義教は自ら「神意によって将軍になった」との意識があり、神がかり的な専制政治を行うようになった。

義教の家督就任直後の正長元年（一四二八）七月、山徒は西塔の釈迦堂に籠って、西塔関の事、宝幢院《ほうどういん》造営の事ほか、五ヵ条を幕府に訴え出た。これがのちに永享の山門騒動と呼ばれる事件の発端であった。

湖上の西塔関と西塔・宝幢院の造営は、山徒の光聚院猷秀《こうじゅいんゆうしゅう》なる僧が代官を請け負っており、不都合があるから罷免されたいという要求で、幕府は穏便な策を採り、同年九月、大衆の要求を呑んで猷秀の代官職を辞めさせた。

ところが三年後の永享三年（一四三一）九月には、猷秀は帰山がかない、翌月には西塔領普光寺奉行職に、翌年七月には湖上西塔関務にそれぞれ復帰した。幕府のごり押しによる還任であったという。猷秀は蓄財、利殖に長《た》け、多くの山門塔頭《たっちゅう》や山僧に金を貸していて、その取り立てについても幕府は指示を出している。ようするに、幕府は猷秀の経済活動を全面支援していたのであって、将軍義教が猷秀の手腕を高く買っていたらしい。

幕府に抗議する大衆らが籠った釈迦堂。現在の建物は園城寺金堂を移築した

永享五年（一四三三）七月、山門大衆は集会して猷秀の非を鳴らし、幕府吏僚である山門奉行の飯尾為種、近習の赤松満政らが賄賂によって猷秀をひいきするとして訴え出た。とくに猷秀が宝幢院造営費を高利貸資本として流用している旨を指弾している。幕府は翌月、猷秀を土佐に配流し、為種は逐電した。しかるに図に乗った大衆は、園城寺が猷秀排斥の強訴に加わらなかったとして同寺を焼き討ちするに及んだ。義教は激怒し、山門への徹底的弾圧を決意する。山名、土岐《とき》、斯波《しば》ら諸大名軍を湖西に派遣し、驚いた山徒は幕府に降伏を申し出た。

もう一つの比叡山焼き討ち

騒動はこれで収まったかに見えたが、翌年六月、かねて義教と犬猿の仲にあった関東公方・足利持氏《もちうじ》と山門大衆が通謀しているとの噂が流れた。山門側も京都への通路である雲母《きらら》坂に木戸や堀を設けたため、義教は態度を硬化させ、再び近江守護の六角、京極両氏に出動を命じた。

八月、両守護は湖上と西近江路を封鎖し、湖東の山門領をすべて押領し、叡山を日干しにする策に打って出た。十一月には山名、土岐らの守護軍が坂本の町を焼き払い、女たちはやむなく禁制の山上に逃亡した。十二月二日、諸大名は会合して打開策を協議し、山門使節の降伏を許すことで手を打つ旨を将軍に提案して容《い》れられた。衆徒が逆上して非常の事態ともなれば、「公方様御為、天下の為、かたがた勿体《もったい》なし」と諸大名は唱えている。

永享七年（一四三五）二月四日、管領・細川持之が助命と再任を保証したので、金輪院弁澄、月輪院慶覚、円明坊兼覚の三人はうかうかと幕府に出頭し、召し捕らえられ、即刻、殺された。兼覚はまだ十七歳の少年であり、だまし討ちは、義教の常套手段だった。

同日夜、義教の御願寺である叡山東塔の惣持院が炎上した。翌五日の正午、山門使節の残党ら十八人が籠っていた根本中堂も燃え上がった。自ら火を放ったのである。噴き上げる黒煙は洛中からも望めた。義教は山門炎上について、洛中で噂するのを厳禁した。しかし、街頭で茶を売る煎物《せんじもの》商人が客にこの噂を話したとして捕らえられ、たちまち首をはねられた。後花園天皇の父・伏見宮貞成《さだふさ》親王（後崇光院）はこの次第を日記に書きつけ、「万人《ばんにん》恐怖、言うなかれ、言うなかれ」（『看聞日記』）と怖気《おぞけ》をふるった。織田信長の焼き討ちより、約百四十年前のことである。

義教に処罰された人々は知られているだけでも数百人にのぼる。上は天皇生母・光範門院から、下は名もなき膳部の料理人、庭師の河原者まで。能楽師の世阿弥元清もこの禍《わざわい》から逃れられず、永享六年（一四三四）、佐渡へ流された。守護大名では一色義貫《よしつら》、土岐持頼らが暗殺され、「次は赤松打たるべし」との噂が都雀の口にのぼった。赤松満祐《みつすけ》は嘉吉《かきつ》元年（一四四一）、座して殺されるよりはと、先手を打って自邸に義教を招いて斬殺した。これが「嘉吉の変」で、義教が室町殿となって十四年目の事件であった。

堅田大責

鎌倉新仏教のうち、最も遅れて巨大な勢力となったのが一向宗である。蓮如（一四一五〜九九）は本願寺の第八世法主であり、親鸞に始まる浄土真宗（一向宗）教団の中興の祖といわれる。幼少期は、本願寺の勢力がふるわなかったどん底時代で、父の存如に直接教育を受け、赤貧洗うがごときなかで青年期を送った。

永享三年（一四三一）、中納言・広橋兼郷《かねさと》の猶子《ゆうし》（仮の子）として青蓮院で得度し、その後は本願寺と縁戚にあたる九条家出身の興福寺別当・経覚《きょうがく》について学んだ。そして長禄元年（一四五七）、存如の死によって法灯を継いだ。

蓮如が法主に就任した直後は、教団に難問が山積しており、とりわけ比叡山（山門）からの嫉視や弾圧が激化していた。寛正六年（一四六五）正月、京都・東山の大谷にあった本坊が山門衆徒に襲撃され、近江堅田門徒の法住らの奔走によって、本願寺が叡山西塔の末寺となり、毎年、礼銭三十貫を納めることでいったんは落着した。しかし、山徒は三月二十日、再び押し寄せ、堂舎はすべて破却された。以後、蓮如は布教の拠点を失い、河内や大和に逃れたのち、南近江の各地を流浪する身となった。

ここで、近江における真宗の布教の経緯を振り返っておくと、南北朝期に錦織寺《きんしょくじ》（野洲市）などを中心に発展の緒につくという（『新修大津市史』）。南は甲賀の信楽から、北は犬上郡にかけて末寺が散在していたが、やがて湖東では蒲生郡の日野牧五ヵ寺が教線の中心となっていく。

文正元年（一四六六）十一月、蓮如は金森《かねがもり》（守山市）で「報恩講」を勤修《ごんしゅう》した。親鸞の遺徳をたたえる教団で最も重要な儀式である。しかしここも安住の地ではなく、翌年二月、熱心な門徒の勧めで親鸞の御影《みえい》を琵琶湖対岸の堅田・本福寺に移し、報恩講をつとめた。当時の堅田は、殿原衆《とのばらしゅう》と呼ばれた地侍と全人衆《まとうどしゅう》と称された農民、商工業者からなり、真宗に帰依したのは後者であった。

おりから応仁の乱が勃発し、近江は六角、京極の両守護が東西両軍に分かれて争い、国中は戦乱状態となった。治安の悪化から、湖上の船頭らのなかには、湖賊行為を働く者も多く、昼は船頭、夜は盗賊といったありさまで、京都から戦禍を避けて湖水を渡る公家や僧侶は、彼らに金品を巻き上げられた。

応仁二年（一四六八）、足利義政が造営していた「花の御所」の用材を運んでいた船を堅田湖賊が襲う事件が起こり、怒った幕府は山門に対し、堅田を攻撃するようそそのかした。元来、堅田は山門領であり、山門は真宗が大きな勢力を持つことを喜ばず、山徒は得たりかしこしとばかり堅田に襲いかかった。あらかじめ報を受けた蓮如は、御影を携えて大津に避難したが、堅田の町は全焼し、山徒方に寝返った今堅田も類焼、門徒らは舟に分乗して近江八幡沖に浮かぶ沖島に逃亡した。この事件を〝堅田大責《おおぜめ》〟という。大津への船中で、蓮如は叡山を見上げ、「恐ろしき山かな」とつぶやいたという。

文明二年（一四七〇）、堅田衆は山門に礼銭を払って帰還を許されるが、本福寺の法住は三百八十貫を負担した。この騒動の中で、山門と確執のあった園城寺は蓮如に同情し、南別所の近松を本願寺の用地として提供した。のちの顕証寺がこれで、場所は大津市札の辻である。寺は先の戦争の直前に壊され、今は「近松御旧跡」の石碑が立つ。蓮如はここに約二年間、滞在した。

蓮如の布教

文明三年（一四七一）四月、蓮如は近江を去って、遠く越前吉崎（福井県あわら市）に移った。興福寺大乗院領の河口庄細呂宜郷《ほそろぎごう》の一角にあたり、蓮如は旧師である経覚を頼ったのである。以後、一向宗の教線は加賀や越前、越中に急拡大し、やがて戦国時代の加賀国法王国（一向一揆）のもととなる。しかし、蓮如は文明七年（一四七五）、吉崎を退去して畿内に戻り、河内出口（大阪府枚方市、光善寺）、和泉堺などにとどまったのち、同十年五月に本拠を山科に移した（山科本願寺）。

このように蓮如は、応仁大乱という一大社会変動に乗じて山門の圧迫をしのぎ、畿内や北陸に教団発展の基礎を築いた。ただ彼自身は、南都や寺門などの旧勢力の一部を味方にしたこともあって、「王法為本」（この世の権力を重視する）を唱えて門徒の跳ね上がりを極力抑え、保守的な姿勢を維持したことも忘れてはならない。

第四章　中世②

菅浦集落の入り口（惣門）

1　中世の村落自治と近江商人――菅浦・千草越

村の自治と乙名清九郎

近江は村落の自治組織（惣《そう》）が全国で最も早くから見られた地域である。近江八幡の湖岸北方にある大嶋奥島庄では、鎌倉時代中期にさかのぼる惣掟《そうおきて》（村落法）が伝えられている。湖北の菅浦《すがうら》（西浅井町）もそうした自治村落の一つで、近年は有名になり、時代小説でも取り上げられた（岩井三四二氏著『月ノ浦惣庄公事置書《くじのおきがき》』）。

菅浦は、竹生島《ちくぶしま》の北方湖岸から突き出した葛籠尾崎《つづらおざき》の半島にある小さな村落である。もと園城寺円満院領大浦庄の出作村《でづくり》であったが、強引に独立し、山門（比叡山）末寺竹生島領となり、村人は朝廷に魚とビワなどを献じる供御人《くごにん》となった。菅浦が鎌倉期に開発した日指《ひざし》、諸河《もろかわ》の田地はわずか十六町（約十六ヘクタール）の広さしかなく、約六十人の村人に均等配分し、村人の自立の基盤とした。

大正六年（一九一七）、菅浦の鎮守・須賀神社から「開けずの箱」と称された古い唐櫃《からびつ》が発見され、中から千二百点余の中世文書が出てきた。この文書群によって〝原始共産村〟

というべき中世の惣の実態が明らかになった。それは次のようなものである。

菅浦は独立の経緯から、北に隣接する大浦庄とは仲が悪く、文安二年（一四四五）、入会《いりあい》地《ち》の紛争から両村の間で激しい合戦が起こった。幕府の裁許で菅浦はいったん、ドル箱の日指、諸河を失ったが、村長《むらおさ》の乙名《おとな》清九郎《せいくろう》の活躍で、山門使節や公卿の山科家の援助を得て、翌年末の裁許で日指、諸河の田地を取り戻した。

中世の面影をとどめる菅浦。琵琶湖岸にはりつくように家々が並ぶ

この勝訴を記念して、菅浦では「雑掌《ざっしょう》は清検《せいけん》校《ぎょう》と申す人、粉骨いたし、走り回る間、先規の道理にまかせ安堵せしむ」と、清九郎の活躍をたたえ、合戦における村人の結束を、

七、八十の老共も弓矢を取り、女性《にょしょう》たちも水を汲み、楯をかつぐ事なり。
後もかくのごとくふるまい候《そうろう》べく候。

と、一丸を強調して記録した。自村の権益は自分らで守るという強い「自力救済」の考え方が出ている。

死を覚悟の出頭

しかし、菅浦の誇り高い自立も、寛正二年（一四六一）の争論では一転して不利に立たされた。同年七月、菅浦住人の一人が行商で大浦庄内を通過した際、盗人の疑いで殺害され、商品は没収となったのである。怒った菅浦は、大浦庄を襲撃し、庄民四、五人を打ち殺して家々に放火した。乙名清九郎の制止を振り切っての挙であったらしい。

双方は京都に訴え出て、将軍夫人・日野富子の兄、日野勝光の屋敷で湯起請《ゆぎしょう》（熱湯中から石を取り出し、火傷の程度を比較する審判）が行われ、菅浦の敗訴が決まった。大浦側は勝光から菅浦を「退治」すべきお墨付きまで得て、菅浦を永代亡所にしようと息巻いた。

事態の深刻さを悟った菅浦は、日野家にたびたび詫び状を捧げたが許されず、文安の争論では味方してくれた西野、柳野、塩津などの与郷《くみのごう》もみな大浦側についた。武家、庄民数万人が、女子供まであわせても百数十人の菅浦村を十重二十重《とえはたえ》に包囲するに至った。菅浦は老若一同、「枕を並べて討ち死に仕《つかまつ》る」覚悟で集落内に籠城した。

地頭の松平益親は、三河松平の一族だが、日野勝光の要請で菅浦包囲軍の指揮を執っていた。彼の配下の塩津の地頭、熊谷上野介は、もともと菅浦焼き討ちに乗り気ではなく、密かに人を派遣して降参を勧め、下手人を差し出せば亡庄をやめることを保証した。乙名清九郎はいま一人の乙名正順《しょうじゅん》とともに頭をそり、死を覚悟して熊谷の陣所に名乗り出た。清九郎、正順の潔さに感動した上野介は益親の前へ二人を引き据えたが、口をきわめて両人の義気をほめ、助命を請うた。益親も清九郎らの神妙さに打たれ、助命のうえ、兵を引き揚げた。こうして菅浦にとって最悪の事態は避けられたのである。

この寛正の争論では、菅浦は四面楚歌、しかも農民だけでなく地頭松平、熊谷氏という武士の軍隊の圧倒的な武力にさらされ、絶体絶命の窮地に立たされた。菅浦と清九郎を救ったのは結局、松平、熊谷という二人の武士の情けであった。彼らは小村の村人を多数で討つという行為が弱い者いじめであること、両乙名の死を覚悟した自首に打たれたこと、この二つの事情で討ち入りを中止したのである。〝武士道〟がまだ成立する以前のことであるが、明らかにこの事件の背後には、後世の武士道に通じる認識が籠城側、攻め手側の双方にあったと思われる。

今回の危機の原因は、菅浦側の過剰な報復行為であってみれば、乙名以下の村民は将来を戒め、「相構え、少々の不足候とも、堪忍《かんにん》候て、公事の出来候わぬように」と掟書にしたためた。こうして菅浦は、応仁の乱中でも平和な別天地であり、文明三年（一四七一）には清九郎の奔走で、年貢の半減にさえ成功した。こうして乙名清九郎は、村の英雄として永く村掟に記録され、称えられた。

近江商人の発祥

千草越《ちぐさごえ》は、永源寺から谷を鈴鹿山脈に入った間道で、峠は根ノ平峠《ねのひら》、または千種峠という。御在所岳のやや北方の鞍部を越えて伊勢に入る道である。千草は伊勢側の村名である。

愛知川《えちがわ》の上流は南北二つに分かれ、北の神崎川の谷筋を通るのが八風越《はっぷうごえ》、南の渋川筋が千草越で、ともに湖東中部と伊勢を最短距離でつなぐ通商路として機能した。とくに中世の東海道にあたる不破越は、応仁の乱による治安の悪化で敬遠され、八風、千草の両道が多用されるようになる。しかし、千草越はなかなかの難路で、実際に踏破するのは大変である。

永源寺の門前から渋川をさかのぼり、甲津畑《こうづばた》という集落に至る。ここは綿向山《わたむきやま》の北麓にあたり、六角氏の被官、速水氏の城郭があった。ここからいったん渋川を東南方に進み、雨乞岳の北山腹を縫うように杉峠に達する。すでに海抜は一〇四二メートルである。ここから愛知川最上流の神崎川流域に入り、根ノ平峠（標高八〇三メートル）に出る。現在の山岳ガイドマップでは、甲津畑からこの峠まで所要時間約五時間、とある。このような難路だが、八風、千草の両道は畿内近国で最も豊穣な湖東平野の扇の要《かなめ》の位置にあり、商品を伊勢へ搬送すれば儲けは大きかった。

八風、千草の両道を用いて伊勢通商を行う権益は、〝山越四本《しほん》商人〟と称する商人団が握っていた。南から石塔（東近江市）、今堀（保内《ほない》、東近江市）、小幡《おばた》（同）、沓掛《くつかけ》（愛荘町）の四集落を根城とする商人たちである。応永年間（一三九四〜一四二八）ごろには呉服、米、塩、魚を商う小幡商人が、新たに台頭した今堀の保内商人にその地位を脅かされていると訴えており、伊勢への出稼ぎは十五世紀初めごろ、盛んになっていたようである（『今堀日《ひ》吉《え》神社文書』）。

四本のうち、今堀は山門領ということで夫役《ぶえき》も免除され、正長元年（一四二八）には小幡商人は保内川以南に行商できず、逆に保内商人は北へ出入り自由という有利な裁許を得た。若狭小浜《おばま》と近江今津を結ぶ九里半《くりはん》街道でも、十四世紀を通じて五箇《ごか》商人が独占していた商権を今堀の保内商人が侵しはじめ、文亀二年（一五〇二）には保内商人の若狭越荷物を高島南市商人が押収する事件が起きている。

ともあれ、今堀保内商人の商圏は東は伊勢、西は若狭に及ぶ広大な領域であり、中世戦国期を通じて小幡商人と激しく争った。しかし、山門と六角氏をバックとした保内商人は戦国末を境ににわかに衰え、近世に続く近江商人の系譜は小幡商人が担った。現在でも、白壁土蔵の商家は小幡を中心とする五個荘《ごかしょう》（東近江市）に集中している。

近江商人の巧みな商売は、伊勢側の村々を警戒させ、「近江泥棒、伊勢乞食」や、「伊勢の者国境には油断せず」などの警句がささやかれるほどであった。

山越えキャラバン部隊の結成

大正時代の初め、東近江市八日市の南方、今堀郷の鎮守・日吉神社の本殿から、六百余通の中世文書が発見された。著名な郷土史家・中川泉三の発見になるもので、これにより中世近江商人の研究が飛躍的に発展することになる。大正初年は郡制の廃止により全国的に「郡史（郡志）」の編纂が盛んになり、中川の発見はその余波ともいえよう。今堀郷は山門領得珍保《とくちんほ》内の小字《こあざ》にすぎないが、保内商人の中心勢力であり、他郷商人との訴訟文書を多く伝えた。他に掟書数十点は、室町期惣村研究の重要な史料。『菅浦文書』とともに、滋賀大学経済学部附属史料館に保管されている。

中世の山越えは、多くの足子や駄馬、警衛を帯同した大部隊のキャラバンを特色としていた。山賊が横行する鈴鹿山脈、ましてや「応仁の乱」のさなかとあれば、治安の悪さはひとしおである。

相国寺《しょうこくじ》の禅僧・横川景三《おうせんけいさん》は応仁二年（一四六八）、千草峠で「人夫百余人　兵士は六、七

十八、駄馬はその数を知らず」(『小補東遊集《しょうほとうゆうしゅう》』)という大キャラバンを目撃した。商人が山麓の集落で連合し、大部隊を組み、傭兵《ようへい》を雇って盗賊や野伏《のぶし》を防ごうとしたことがわかる。

千草越といえば、織田信長生涯の危難というべきエピソードが知られている。元亀元年(一五七〇)五月、浅井、六角氏の離反でやむなくこの道を通った信長は、千草峠で六角の回し者、杉谷善住坊《ぜんじゅうぼう》の狙撃を受け、弾丸が逸れて九死に一生を得た。その碑文は峠の手前にある。

2 応仁の乱後の近江——鈎の陣跡・旧秀隣寺庭園・上平寺館跡

六角征伐と室町将軍の客死

将軍義教が行った守護家相続の介入・干渉により、十五世紀半ばにはほとんどの大名家に内訌《ないこう》を生じ、それが将軍家の家督争いと連動して、応仁の乱が起こった。

近江守護の六角氏は、応仁の乱では西軍についた。侍所頭人《とうにん》を兼ね、有能な家臣にも恵まれていた江北《こうほく》守護の京極持清（東軍）への対抗上、そうせざるをえなかったのである。六角高頼の父・久頼は、持清との争いがもとで自殺しており、高頼にとっては持清こそ父の仇でもあった。

乱のあいだ、六角、京極の両氏は近江各地で戦い、いくつかの波乱はあったものの、ご多分にもれず消耗戦に終わった。美濃の土岐氏の被官で、西軍の参謀格だった斎藤妙椿《みようちん》のはからいで、十年余の内乱が収束するころには、六角高頼も赦免されて、近江の南半分と江北の一部は権益として確保した。

近江は京都に近く、山門延暦寺をはじめとして権門のおひざもとの荘園が多く、京都の公家、寺社の穀倉であった。応仁の乱によって、六角氏は諸荘園を蚕食したので、山門はじめ乱後の復興をはかる公家、寺社は争って幕府に高頼の荘園押領《おうりよう》を訴え出た。なかでも、強硬に六角氏の非を鳴らしたのは、将軍の親衛隊である奉公衆《ほうこうしゆう》だった。当時の記録は、彼らの窮状を「江州《ごうしゆう》において本領ある者、六角押領によつて不知行、あるいは餓死者これあり」（『蔭涼《いんりよう》軒日録《けん》』）と記している。

幕府の安定と将軍権力の強化を目指す青年将軍・足利義尚《よしひさ》（義政の子）は、これらの声に押され、長享元年（一四八七）七月、近江親征を決定した。幕府軍の主力は、奉公衆を中心とする直轄軍で、諸大名は細川氏を除き「一向不参」の状況だった。義尚は総勢一万近い兵を率い、山科から小関越《おぜきごえ》で九月十二日に坂本に着陣、日吉二宮《にのみや》の彼岸所を仮の本営とした。

九月二十日、諸隊は攻撃を始め、抗しきれないとみた六角高頼は同月二十四日、居城・観音寺城（安土町）を捨てて甲賀三雲（湖南市）に逃れた。義尚は湖水を渡り、十月四日に安養寺（栗東市）に入ったが、手狭なため、同月二十七日には近くの鈎《まがり》真宝館に移った。義尚はここに約一年半、滞在することとなる。俗に鈎の陣と呼ばれるが、当地は延暦寺の山僧・真宝坊の居館があった。付近に所領を持つ相当有力な山僧であったらしい。

甲賀谷に逃亡した高頼は守護を罷免され、将軍近習の結城《ゆうき》尚豊《ひさとよ》が守護に任ぜられた。佐々木一族以外の守護任命は破天荒の人事で、義尚の親裁権強化を象徴するものであった。ようするに、六角征伐で利益を得たのは一部の寺社と奉公衆ら将軍側近にすぎず、細川氏をはじめとする有力守護層は不満を募らせたのである。

鈎の陣中の義尚は酒宴に明け暮れ、翌年三月には病床に就くようになり、長享三年（一四八九）三月、陣中に没した。二十五歳の若い死だった。将軍義尚が死ぬと、守護尚豊の専横を怒っていた奉公衆らの間で、尚豊の命を狙っているとの噂が流れ、たまらず尚豊の一族は逐電した。幕府軍は総引き揚げに決し、細川政元の斡旋で、高頼は赦免された。

二代続きの親征

次の将軍には、義尚の従弟である義材《よしき》（義政の弟、義視の子。義尹《よしただ》、義稙《よしたね》と改名）が擁立されたが、彼も義尚の遺志を継いで近江親征を企てた。義政、義視の死で遠征はのびのびになっていたが、延徳三年（一四九一）九月、将軍・義材は政元の諫止《かんし》を振り切って出征した。これを第二次六角征伐という。

今回は織田、浦上、逸見《へんみ》ら戦国期に活躍する守護代級の武将が働き、高頼は伊勢に出奔して行方をくらませた。征伐は成功と気をよくした義材は明応二年（一四九三）一月、最後に残った幕府の敵、河内の畠山基家を討とうとして出陣し、同年四月、細川政元によって将軍を廃立された。例の「主君押し込め」である。

義尚、義材と二代の将軍が相次ぎ、近江に親征を行ったのが二度の六角征伐で、それは表面上、応仁の乱で権威を失った室町幕府が最後の悪あがきよろしく、将軍親裁権の復活を試みたものといえよう。しかし結果としては、最有力守護・細川氏による将軍廃立をみたわけで、以後、室町幕府の権力は畿内周辺に局限された。ただ、関東でも連動して伊勢宗瑞《そうずい》（北条早雲）の伊豆討ち入りがあり、戦国時代の枠組みができあがったという意味では、それなりに重要な意味を持つ歴史的事件といえよう。

鈎真宝館は、栗東新駅候補地のすぐ近く、上鈎の真宗大谷派・永正寺に比定されている。近世には伝承にもとづき「鈎里陣図」が作られており、土塁と堀の一部は今でも残っている。しかし、平成十七年度に行われた発掘調査によると、遺物は永禄、天正以降の時代を示しており、「鈎の陣との関連は薄い」と結論されている。そうなると、もうひとつの候補地である下鈎の蓮台寺付近が注目されることになろう。

中世の三大名庭

足利義晴は、父の義澄が足利義材、細川高国らに京を追放され、湖東の九里《くのり》に亡命中の永正八年（一五一一）に生まれ、守護六角氏との縁は深い。大永元年（一五二一）末、高国との不仲が原因で淡路に出奔した義材のあと、高国に擁立されて将軍となった。

当時の幕府は、京兆《けいちょう》専制といって、細川氏の家督者（当主）に擁立、支持されることでかろうじて将軍の体面を保つことができたが、肝腎の細川氏も高国と澄元に分裂して争い、澄元・晴元父子は阿波を地盤として高国の追い落としを狙っていた。大永六年（一五二六）末ごろより、晴元の勢力が優勢となり、義晴、高国の幕府軍は翌年二月、桂川で晴元軍と戦って大敗した。この結果、義晴は享禄元年（一五二八）、朽木《くつき》稙綱《たねつな》を頼って朽木に落ち延びたのである。

旧秀隣寺庭園。流浪の将軍をもてなすため造られた

朽木（高島市朽木）は葛川から北流してきた安曇川が東に転じる屈曲点に位置する谷底集落である。長保三年（一〇〇一）、中納言平惟仲《これなか》が白川寺喜多院に寄進して成立した朽木庄が史料上の初見（『高野山文書』）であり、承久の乱（一二二一年）後に宇多源氏の佐々木信綱が新補地頭として土着し、朽木氏を称した。この地は、日本海側の若狭国府（守護所）のあった小浜市と京都を結ぶ最短距離にあり、いわゆる鯖《さば》街道を押さえる地政学上の要地である。

南北朝時代の朽木氏は、十二カ国にわたる荘園を支配する有力御家人であり、のち幕府の奉公衆となった。朽木氏の居館跡は野尻集落にあるが、そこよりやや南方の岩瀬に、同氏の氏寺だった旧秀隣寺（現在は曹洞宗興聖寺《こうしょうじ》）がある。室町幕府第十二代将軍・足利義晴が京都を逃れて当地に亡命中に、朽木稙綱が義晴の無聊《ぶりょう》を慰めるために作庭したと伝えられる、池泉回遊式の庭園である。ここに残る庭園は、北畠氏館跡庭園（三重県津市）、一乗谷朝倉氏庭園（福井市）と並んで「中世の三大庭園」と呼ばれ、国の名勝となっている。

さすらう室町将軍父子

天文三年（一五三四）、足利義晴はようやく将軍として京都に戻ったが、その後もしばしば大津坂本に逃れている。将軍が常に東の近江に逃れるのは、細川晴元の家宰・三好氏が擡頭して山城や丹波を押さえ、近江のほかに逃げ道がなかったからである。次の将軍・義輝（義晴の子）は、父が坂本滞在中の天文十五年（一五四六）末に、父より譲られて将軍に任官した。宣下が坂本で行われたこと自体、六角氏が全面的に幕府を支えている状況を示している。

義晴の晩年、晴元は家宰の三好長慶《ながよし》と対立して、天文十八年（一五四九）六月、摂津江口の戦いに大敗した。義晴、義輝父子は六角義賢《よしかた》に守られて坂本に避難し、以後、京都と畿内は三好氏の勢力圏に入った。義晴は翌年五月、近江穴太《あのう》で病死したが、このころには晴元の力もまったく衰え、将軍は陪臣にすぎない三好氏と直接に敵対することになる。

天文二十一年（一五五二）正月、義輝は京都の室町第に戻ったものの、それもつかの間、翌年八月には東山霊山《りょうぜん》に籠ったところを長慶軍の砲撃にさらされ、丹波山国、近江竜華《りゅうげ》を経て朽木に至った。義輝は朽木に幽居すること、じつに五年。近江を除く畿内近国は三好氏の領国と化した。

永禄元年（一五五八）末、ようやく義輝は長慶と和睦して京に戻るが、依然として丹波、河内、大和など八ヵ国は三好氏が押さえていた。義輝は謀略に長じ、朽木滞在中も暗殺団を組織し、河内高屋城（大阪府羽曳野市）で長慶の岳父・遊佐《ゆさ》長教を殺害したほか長慶自身も襲い、負傷させている。義輝は剣術に優れ、塚原卜伝に剣を習ったとの伝説があり、永禄八年（一五六五）五月、松永久秀らに急襲された時も、自ら激しく斬り合って抵抗し、攻め手をてこずらせたという。

さて、朽木氏はその後、織田信長、豊臣秀吉に仕え、関ケ原合戦でははじめ西軍の大谷吉継に属したが、小早川秀秋とともに東軍に内応し、徳川家康から一万石弱の本領を安堵《あんど》された。そして江戸時代になった寛永十三年（一六三六）、元綱の三男が若年寄に出世して常陸土浦三万石の大名となり、のち丹波福知山藩主に転じ、明治まで続いた。

中世朽木氏の居館は野尻にあるが、家康より所領を安堵された元綱は野尻と岩瀬の中間、七里半越と琵琶湖岸へ出る街道の接点にあたる市場と呼ばれる集落に陣屋を設けた。寛永九年（一六三二）、元綱の没後、長子・宣綱は六千四百石の旗本となり、大名に準じ、交代寄合衆に列した。現在、内閣文庫（国立公文書館）に収められる『朽木家古文書』はこの家に伝わったもので、奉公衆クラスの文書として最もまとまったものである。

六角氏と京極氏

平成十七年（二〇〇五）十月、米原市で市教委が行っていた京極氏館跡の発掘調査の成果発表が行われた。京極氏館跡とは、伊吹山の南麓を縫うように走る北国脇往還を見下ろす上平寺《じょうへいじ》の集落に接してある。現在は伊吹神社の境内で、杉木立の参道の両脇には、戦国末期に京極氏が館を構えていたことをうかがわせる平地が残っている。平成十六年（二〇〇四）二月には、「京極氏遺跡」として国の史跡に指定された。

発掘調査では、中心となる館の面積が全国の守護所クラスにまで広がることが明らかとなった。館跡に隣接しては、庭園跡も残っている。あちこちに巨石が立てられ、朝倉氏の本拠・一乗谷にも匹敵する立派なものという印象だ。この庭を眺めながら、酒宴などが催されたのだろう。

この館跡は、京極高清が一族の内紛を収拾した永正二年（一五〇五）以降、使用され、浅見、浅井ら家臣の反乱で落城した大永三年（一五二三）までの短期間の命であったと推定される。背後の山上にある上平寺、弥高寺《やたかじ》という古代山岳寺院を「詰めの城」として使っていたらしい。

織田信長が進出してくる以前、近江は北は浅井、南は六角という戦国大名によって治められていた。湖国を南北に分け合うという地方支配のあり方は、室町時代の守護大名、六角氏と京極氏の半国守護制度に起源がある。つまり、浅井氏は守護大名・京極氏の後身であるといえよう。

六角氏、京極氏とも、近江源氏佐々木氏の末裔である。有名な宇治川の先陣争いで、名馬・生唼《いけづき》に乗って梶原景季《かげすえ》を出し抜いた佐々木高綱が先祖で、こうした功績によって佐々木氏は近江、石見、長門、阿波など西日本の要国の守護に任命され、威をふるった。しかし、後鳥羽上皇が鎌倉幕府を討つために起こした承久の乱（一二二一年）で、一族のほとんどが京方（後鳥羽上皇側）に味方したために没落し、近江一国だけが地盤として存続を許された。

やがて一族の本流は、六角と京極に分裂した。高綱の兄定綱が初代の近江守護だが、その子信綱の三男・泰綱は京都の六角東洞院を居館として六角氏を称し、四男・氏信は京極高辻を屋敷として京極氏を名乗った。泰綱が兄であるうえ、近江守護および本貫地・佐々木庄を継承したから六角氏が宗家《そうけ》であり、京極氏は在京御家人にとどまった。

ところが、南北朝時代に至って、自由奔放な行動で〝バサラ大名〟として知られる京極高氏（佐々木導誉《どうよ》）・秀綱父子が足利尊氏のもとで勲功を挙げ、京極氏は幕府の侍所所司（長官）に任じられるとともに、近江のうち三郡を〝分郡〟として割き与えられた。さらに足利義満が山名氏を討った明徳の乱（一三九一年）後は、出雲、隠岐、石見、飛騨四ヵ国の守護も併せて六角氏を圧倒する形となる。

室町幕府は各地の守護大名が強大化するのを抑えるため、さまざまな策をとった。半国守護もこの制度で、加賀、常陸などで行われた半国制は、二人の守護が国の南北、または東西に分割された一方を排他的に統治するものだが、和泉、土佐で行われた半国制は国内のあらゆる土地を共同で支配した。近江の半国制は、この二種の行政を併せた複雑なもので、江南は排他的に六角氏が治めたが、江北は軍事指揮権にかぎり京極氏が独占し、一般行政は六角、京極両氏の共同統治であったことが知られている。

六角氏の観音寺城

さきの上平寺館は、京極氏の〝最後の拠点〟で、ここに移る以前は柏原《かしわばら》（米原市）にあった。京極氏の歴代の墓がある徳源院も残る。

一方の六角氏の居館（守護所）は最初、小脇《おわき》（東近江市小脇町）に置かれていたが、応仁の乱後には、安土城に近い観音寺山城に移した。お火焚き祭で知られる太郎坊宮（阿賀神社）のある箕作《みつくり》山のふもとにあったという小脇守護所は、源頼朝が鎌倉から上洛の途中、立ち寄った地でもあるが、現在は水田や民家の下になって、跡形もない。旧八日市市教委が昭和五十四年（一九七九）に発掘調査したが、一町四方の堀の跡が確認されただけだったという。

観音寺城は、標高四三二メートルの繖山《きぬがさやま》全山にわたって築かれた戦国屈指の山城で、国史跡に指定されている。城下町のあった南側、安土町石寺《いしでら》から大手道を登ること約四十分、西国霊場三十二番・観音正寺《かんのんしょうじ》を経て本丸に達した。城郭研究者が「安土城に先行する山城」と高く評価するように、あちこちに立派な石垣が積まれている。

こんな堅固な城も、織田信長の侵攻の前には一日と持たず、あっさりと逃亡してしまった。それはどうやら、六角氏という戦国武将の性格によるものらしい。家臣団を支配する力に欠けているため、常に敵との正面衝突を避け、危なくなると領地の奥（甲賀）に逃げ込むことを繰り返したのである。近江の戦国大名の宿命かもしれない。

3 戦国大名・浅井氏の盛衰――小谷城跡・姉川古戦場

中世の五大城郭

最近は山城《やまじろ》がブームだそうである。平坦な場所に石垣で築かれる近世城郭でなく、険しい山の頂につくられた戦国期の城のことである。城郭史の研究家によると、先に述べた観音寺城のほか、同じ近江の小谷《おだに》城、越後の春日山城（上杉氏）、能登の七尾城（畠山氏）、出雲の月山富田《がっさんとだ》城（尼子氏）の五つを「中世五大城郭」と呼ぶのだという。そのなかの一つ、小谷城の跡を訪ね、城主だった浅井氏の歴史についてみてみたい。

小谷城へはJR北陸線河毛《かわけ》駅から東に約二キロ、北国脇往還の宿場町だった伊部集落から、舗装された林道が通じている。案内板も立っており、十分たらずで番所跡の駐車場まで到着できる。ここからは、本丸跡まで歩きの道である。

小谷城のある小谷山は標高四九五メートル。山頂部が戦時は詰めの城になるのだが、本丸は約一〇〇メートル低い地点である。番所跡から、御茶屋跡、桜馬場、馬洗池、黒金門……。かつて武者たちが歩き回った場所にちなむ立て札や石標が立てられている。上り坂はかなり険しく、「五大山城」の呼称が大げさでないことを実感する。城下町は南側のふもと（湖北町清水谷）に広がっており、ここから登城する武士たちは、さぞかし難儀だったことだろう。

黒金門跡には、いまも見事な石段が残る。右に枝道をたどれば、浅井長政が自殺した赤尾屋敷跡に至る。黒金門上は大広間（千畳敷）と称する巨大な削平地（郭《くるわ》）で、突き当たりに本丸に取り付く石垣がある。しかし、観音寺城のような巨石は使っていない。発掘調査は昭和四十五年から五十三年にかけて行われ、越前笏谷石《しゃくだにいし》製の雑器が多く出土しており、越前（福井県）の朝倉氏と浅井氏との親密な関係が裏付けられた。

戦国時代もピークを迎えようとしていた天文年間（一五三二〜五五）、畿内周辺の城郭に大変化が起きた。理由は鉄砲の伝来と普及である。鉄砲の実戦使用の初見は、同十九年（一五五〇）、洛中で戦われた三好氏と細川氏との激突で、将軍・義晴が晩年に築いた中尾城（銀閣寺の裏山）も、弾丸の貫通を防ぐため、白壁の漆喰《しっくい》の中に礫《れき》を混入させている（『万松院殿穴太記』）。諸大名はいやがうえにも堅固な城郭を構えざるをえなかった。観音寺城の石垣の巨大化はその反映だが、畿内近国でそれが可能だった理由の一つは、硬い花崗岩《かこう》が入手しやすいという地質的な条件だった。

浅井氏三代

浅井氏は同じ近江の戦国大名・六角氏と違って一族の歴史は浅く、歴史上に名が見えるのは応仁の乱後である。浅井郡丁野郷《ようの》（湖北町）を本拠とする国人《こくじん》で、江北の守護・京極氏の有力武将であった。大永三年（一五二三）、浅井亮政《すけまさ》は京極氏の重臣・上坂信光を倒して実権を握り、小谷城中に京極高清、高延父子を住まわせた。ここに守護京極氏は浅井氏の傀儡《かいらい》となったわけで、小谷城の完成もこの時期とみられる。

亮政の息子は久政で、その長男が長政である。この「浅井氏三代」の名が歴史に残ることになったのは、長政が織田信長の妹、お市（市御寮人）と結婚したからといっても過言ではあるまい。浅井氏は戦国大名といっても、支配地域は江北三郡しかなく、地理的にも越前の朝倉氏との関係が深かった。

信長は、浅井氏になぜ、妹を嫁がせたのだろうか。また、浅井はどのような理由で信長に反旗を翻すことになったのであろう。実は信長の伝記『信長公記《しんちようこうき》』には、市と長政の結婚の年は記されていない。長政は永禄四年（一五六一）ごろ、それまでの「賢政」という名前から「長政」に改めている。信長の「長」をとった（偏諱《へんき》）ものと推定され、結婚はこのころとみる考えがある一方、もっと後の永禄十年ごろとする説もある。

信長は「天下布武」の野望をもって永禄十一年（一五六八）七月、一乗谷にいた室町幕府第十五代将軍・足利義昭を岐阜に迎えた。朝倉のもとで庇護されていた義昭を奪ったかたちになったことから、朝倉氏は信長に反発することになる。こうした朝倉氏に対する〝防波堤〟として、上洛をめざす信長は、浅井氏の取り込みを図ったのであろう。

市と長政の仲はむつまじく、長男・万福丸、長女・茶々（のちの淀君）をはじめ計五人の子供に恵まれている。この結婚にあたって、浅井側は一つの条件をつけた。浅井氏は伝統的に朝倉氏と同盟関係にあり、浅井の了解なしに朝倉とは事を構えないことを信長に求め、信長もこれに同意したという。しかし、戦国の世の約束は、守られた例のほうが少ない。浅井、織田の関係は、やがて破滅へと向かっていく。

信長との激突

湖北の戦国大名・浅井氏の運命が傾くときがやってきた。その分かれ目となったのは、朝倉氏との関係である。元亀元年(一五七〇)四月、織田信長は越前の朝倉義景が上洛を拒否し続けているのを自らへの〝謀叛《むほん》〟ととらえて、三万の軍兵で京都を出立、湖岸の西近江路を北上した。

美濃・江北方面からの来襲を予想していた朝倉方は虚を衝《つ》かれた。四月二十五日、早くも信長軍は越前に侵入し、翌日には手筒山(敦賀市舞崎)城が、さらにその翌日には金ケ崎城(同市泉)が相次ぎ陥落した。戦死者は双方、数千人という激戦であったが、ともかく信長は一挙に嶺南地方を制圧したのである。

金ケ崎城陥落の直後、長政に嫁いでいたお市が、兄の信長に袋に入れた小豆一粒を届けてきた。これによって信長は、長政の離反と自軍が窮地に陥ったことを知ったという。浅井氏は朝倉氏との同盟関係にあり、お市との結婚にあたっても朝倉との親善維持を条件としたから、信長の朝倉攻めに不安を感じたものであろう。いずれにせよ、信長は退却に一決し、困難な殿《しんがり》の役を木下（豊臣）秀吉に託して、浅井・朝倉軍の重囲を突破し、朽木越を経て京都に逃げ戻っている。

煮え湯を飲まされた信長は、深く復讐を誓い、長光寺城（近江八幡市）から千草越で岐阜に戻った後、北国脇往還から江北へなだれ込んだ。六月二十四日、横山城（長浜市石田町）を包囲した織田軍の動向を見て、浅井・朝倉連合軍は小谷城を出て、姉川の北岸に南下した。姉川は全長約三六キロ、湖北一の大河である。同月二十八日、両軍は姉川河原で激突した。横山城は県道五〇九号の観音坂トンネルの入り口に登り口があり、約三十分で標高三一二メートルの山頂・本丸跡に達する。この城は北国脇往還と東海道の双方を押さえる要衝であり、これを握られて、浅井方も動き出さざるをえなかったのである。

激闘は朝倉方の野武士を擁する浅井軍が有利で、後半に至って徳川家康の援軍を得た織田方がかろうじて浅井方の南進を阻んだ。そして、横山城は織田方が奪取して秀吉に与えられた。宣教師ルイス・フロイスは信長方の戦死者を六千人と伝えている。戦死者供養碑と古戦場碑は姉川が西へ反転する野村橋の北側に立っている。

浅井氏・朝倉氏の滅亡

元亀三年（一五七二）冬は、織田信長にとって大変な時となった。甲斐（山梨県）の武田信玄が上洛の軍を起こしたのである。信玄は十二月、まず三方ケ原（静岡県）で家康を一蹴し、翌天正元年（一五七三）、三河野田城（愛知県新城《しんしろ》市）を落とした。信長はこの危機を、天皇の権威にすがって切り抜けた。いうまでもなく自らを追放し、現在は信玄を後押しする将軍・足利義昭との和睦である。そうするうち、同年四月、信玄は戦陣で病死する。

どこまでも、信長はついていた。信玄の恐怖が去ったとたん、信長はただちに畿内近国の平定に乗り出した。まず七月、槇島城（京都府宇治市）に将軍・義昭を破ってこれを追放し、八月には満を持して浅井氏の本拠の小谷城を包囲した。朝倉義景は木之本まで南下してこれを牽制したが、信長は小谷城の包囲を維持したまま朝倉を追って越前に入り、八月二十日、朝倉氏の本拠・一乗谷を落として義景を自殺させた。

こうして再び江北に引き返した信長は、二十六日、虎御前山（虎姫山）城に陣して小谷城を攻めたて、二十七日、ついに久政、長政父子は自殺した。悲劇の女性、お市はこのとき、長政とともに自害することを願ったという。しかし、子供たちの将来を思った長政は城を出るように諭した。市とともに助かった長女の茶々はのち、秀吉と結ばれて秀頼を生む。二女の初は京極高次に嫁ぎ、三女の江《ごう》姫は徳川秀忠と結婚し、家光を生む。織田と浅井の血が、徳川幕府三百年の世を開いたのだった。

姉川合戦にあたって信長は、鉄砲・火薬の調達に努めている。信長や秀吉によって保護された鉄砲鍛治の村・国友村は姉川古戦場のすぐ西側に位置し（長浜市国友町）、国友鉄砲の里資料館があるので、立ち寄ってみたい。この村の全盛期は家康の治世期で、大坂の陣（冬・夏）には大量の注文が殺到し、一時は七十余戸の鍛治が鉄砲の製作にあたっていたといわれる。元和《げんな》偃武《えんぶ》後、平和の到来とともに衰亡に向かうものの、鍛治職人の伝統は守られた。

第五章　安土桃山期

叡山霊窟。坂本ケーブル建設のさい、石仏を取り集めて葬ったもの。信長の山門焼き討ちのなまなましい遺跡である

1 信長の天下布武——比叡山焼き討ち・安土城跡

一向一揆、信長に牙をむく

さて、ここからは織田信長についてみていこう。近江と信長には、両者をつなぐ象徴的な事項が二つある。ひとつはあとに述べる天下取りの象徴・安土城であり、もうひとつは日本の歴史にその名を残す、比叡山の焼き討ちである。

永禄十一年(一五六八)、上洛を果たした織田信長にとって、近江は岐阜と京都を結ぶ地政学上の要衝であった。越前の朝倉義景が敵対していたことを考えると、敦賀街道(朽木越)と西近江路に挟まれた湖西滋賀郡の地は絶対におさえる必要があり、信長は元亀元年(一五七〇)三月に南滋賀の地に宇佐山《うさやま》城を築き、森可成《もりよしなり》を城主に据えた。宇佐山城の跡は、近江神宮の西側の山上にあり、本丸上には現在、NHKの施設が設けられているのでわかりやすい。

信長は同年秋、敵対する三好三人衆が摂津方面で反乱を起こしたため、大坂の天満に出陣していた。ところが九月六日、突如として本願寺光佐《こうさ》(顕如)率いる石山本願寺(大阪市中央区）が信長に叛《そむ》き、諸国の門徒に決起をうながすとともに朝倉氏、浅井氏、また江南の六角氏らと同盟した反信長戦線が構築されたのである。

容易ならぬ事態に直面した信長は正親町《おおぎまち》天皇に泣きつき、勅命によって浅井、朝倉氏と和睦した。これを江濃《こうじょう》越一和《えついちわ》と呼ぶ。この交渉は、織田側の大幅な譲歩によって妥結に導かれた。壺笠山城（京阪穴太《あのう》駅西方）まで進出していた浅井・朝倉軍は陣を焼き払って撤退し、信長も岐阜に戻ることができた。

虎口《ここう》を逃れたとはいえ、信長の怒りはすさまじく、憎悪の対象は、妹（お市）を嫁がせていた浅井長政と、彼らをおびきこんで叛いた比叡山延暦寺に向けられた。態勢を立て直した信長は、翌元亀二年（一五七一）八月、浅井・朝倉軍の南下を牽制しておいて江南に急行し、九月上旬にかけて叡山に包囲網を敷いた。その中心武将は新しい宇佐山城主となった明智光秀で、湖東の土豪衆からも人質を取り、活発な工作をおこなっていたことが、近年、発見された書状から明らかとなっている。

僧俗三千人をみな殺し

信長は九月三日に湖南の金森城（守山市）に一向一揆を破り、十一日に園城寺《おんじょうじ》光浄院に入って、ここで山門焼き討ちの総指揮を執った。九月十二日、光秀以下の武将は三万の精鋭を率いて山上へと攻め上った。坂本の町は堂舎民家残らず放火され、日吉大社の伽藍もすべて炎上した。「悪僧の儀は是非に及ばず、是《これ》は御扶《たす》けなされ候へと声々に申し上げ候といへども、なかなか御容赦なく、一々に頸《くび》を打ち落とされ」と、『信長公記』は記すように、三千人もの僧俗が犠牲になった。

伝教大師（最澄）以来の宗教的権威だった比叡山の炎上が人々に与えた衝撃は大きく、公家の山科言継《やましなときつぐ》は「仏法の破滅」と、また武田信玄は「悪逆無道」とののしっている。

焼き討ちでは多くの人命とともに、貴重な仏像や絵画、仏典も灰燼に帰した。ただ、木下（豊臣）秀吉の受け持った無動寺谷だけは、比較的対応が穏やかで、多くの人々が助命され、美術品も救われた。現在、高野山有志八幡講十八箇院が所蔵する平安時代仏画の名品「阿弥陀二十五菩薩聖衆来迎図《しょうじゅ》」（国宝）は、比叡山安楽谷より無動寺谷を経て、かろうじて持ち出されたものである。

山門焼き討ちのすさまじさを物語る遺跡としては、山上に唯一焼け残った西塔の瑠璃堂（重文）と比叡山霊窟がある。霊窟は昭和二年（一九二七）の比叡山ケーブル建設の際、山中に埋もれていた石仏数百体を納めて慰霊塚としたものである。

現在、山上山下に建つ叡山関係の建物は、すべて信長焼き討ち後、秀吉の代になって再建されたもので、根本中堂（国宝）などは寛永十七年（一六四〇）の再建である。

なお、坂本の南方、穴太に居住していた石工集団を穴太衆《あのうしゅう》と呼ぶ。彼らは、延暦寺里坊の建築を請け負う過程で石造物や石垣の技を磨き、戦国期以降の築城に活躍した。その遺品中の最高とされるのは、比叡山中学南側にある滋賀院門跡である。元和元年（一六一五）に天海大僧正が京都の法勝寺を賜って移築させたという。大小の野面《のづら》石を自在に使って積み上げ、石垣の高低に応じて奥行きのある石を用いている見事な石垣は、なみの大名の城郭をしのぐ。

「天下布武」の象徴

ＪＲ安土駅から町を北上して東に折れ、たどりついた安土山の登り口には「特別史跡・安土城跡」の看板がある。この城の工事が始まったのは天正四年（一五七六）、織田信長が長篠の合戦で武田勝頼を破った翌年のことである。それは東からの脅威がひとまずなくなり、天下統一のため畿内を支配すべく本格的に動き始めた時期であった。

信長の本拠地をながめると、出身地の清洲（愛知県清須市）に始まり、岐阜、そして安土と、西へ西へと動いていることがわかる。おそらく最終的には、本願寺のあった大坂が目標だったのだろう。天正八年（一五八〇）、顕如の石山退城のとき、もし本願寺が炎上していなかったなら、迷うことなく信長は安土から大坂に本拠を移していたと、私は想像している。

とにかく岐阜が本拠では、畿内まであまりに遠すぎる。まずは京都との中間点、しかも豊穣な湖東平野の中央に位置し、琵琶湖の水運も利用できる安土の地は、天下をうかがうに好都合であった。

「安土」の地名は国土安穏を意味することから、信長による新造の地名（たとえば岐阜がそうである）ではないかと考えられたこともあった。しかし、鎌倉末期の荘園文書（『大乗院文書』）にすでに「安土寺」の名が見え、信長築城の前にはこの標高一九九メートルの山中に安土寺が建っていたことが知られる。

安土城は信長が暗殺された直後に焼け落ちると、朽ち果てるまま、復興されることはなかった。だからつい最近まで本丸や天主の跡に登るには、大手口から摠見寺境内の小さな石段の道を通るしかなかった。ところが平成元年、滋賀県教委の手で史跡整備のための発掘調査が始められ、この城が画期的な構造をもっていたことがわかってきた。

調査の概要は、木戸雅寿氏（滋賀県文化財保護協会課長）の『天下布武の城』（新泉社）などに詳しいが、最大の発見といえるのが幅六メートルもの直線状の大手道の存在である。ふつう山城への登山道といえば、細く曲がった道というイメージがある。調査後、原状に復された幅広でまっすぐな大手道の登り口に立つと、山頂から「さあ、みんな登ってこい」

と呼ぶ信長の声が聞こえる気がする。あえぎあえぎ約半時間ほど登ると、天主台跡に着く。石垣に囲まれた不等辺八角形の土地は、想像していたより狭い。地表には巨大な礎石だけが残り、往時をしのぶよすがとなっている。

この場所にいったいどのような建物があったのか。いまから三十年前、建築史家の内藤昌氏と宮上茂隆氏の間で論争があった。内藤案は四層が八角、五層が四角で、中心が吹き抜けという奇抜な説であったが、真相を伝えるという狩野永徳描く「安土城図屛風」が行方不明のため、論争は決着していない。同屛風はかの天正遣欧少年使節がローマ法王に献上したということになっている。

発掘調査の成果をもとに復元された安土城の大手道。幅六メートルもの雄大な直線の階段だった

大手道からは外れるが、安土山中に摠見寺の楼門と三重塔が建っている。本能寺の変後の炎上に、ここだけ焼け残ったもので、ともに室町時代の建築（重文）である。楼門は水口（甲賀市）の柏木神社から、塔は石部（湖南市）の長寿寺から信

長が移したもので、優れた職人集団であった「甲賀大工」（第二章5節）による名建築とされている。

それにしても、安土城の顔ともいうべき地に、信長が寺院を建てさせた理由は謎とされていた。しかし先述のように、近年の研究によって、建物が甲賀郡から移建されたことが判明し、宣教師ルイス・フロイスの次の記録が想起されるに至ったのである。

信長は悪魔に勧められて大いに尊崇された偶像を、諸国より安土の寺院に持ち来たった。彼はますます傲慢《ごうまん》となり、日本全国の領主と称し、ネブカドネザル（バビロンの捕囚を行った独裁王）の驕慢《きようまん》に倣《なら》い、死すべき人間にあらず、神にして不滅のものなるが如く、尊敬せられんことを希望した。而《しか》してこの嫌悪すべき希望を達せんため、山の上に寺院を建築することを命じた。

（『イエズス会日本年報』）

信長は天正六年（一五七八）、右大臣を辞して後、一切の官職に就いておらず、「政権構想に迷いがあり、死ぬまで政権の形を模索し続けていた」（池上裕子氏『織豊政権と江戸幕府』講談社）といわれ、天皇との対抗上、自己神格化を試みていたのではないか、との説もある。

将軍を望んだ信長

武田勝頼を滅ぼした信長は、天正十年（一五八二）四月二十一日、安土に凱旋《がいせん》した。信長の版図《はんと》は東は上野《こうずけ》一国と武蔵の北辺から、西は備前に及ぶ広大なものとなった。その中心・安土は文字通り、日本の首府といってさしつかえないといえよう。

祝勝気分に沸く安土城に五月四日、常には見慣れぬ一人の公卿《くぎょう》が女官とみられる老女二人をしたがえて登城してきた。一行は前日早朝、京都を出立し、草津で昼食をとり、その晩は安土城下に宿泊した。そして翌朝、山上の天主や御殿を目指して登城となったのである。この一行は、正親町天皇の勅使である伝奏《てんそう》の勧修寺《かじゆうじ》晴豊《はるとよ》、天皇の嫡子である誠仁《さねひと》親王の使者・大御乳人《おおちのひと》（老女）、さらに付き添いとしての上臈局《じょうろうのつぼね》・佐子《さこ》（老女）であった。伝奏とは、幕府または武家と朝廷の間を周旋する廷臣である。戦勝祝賀の意を込めた勅使一行であるから、信長への下賜品《かし》として種々の貴重品を詰めた唐櫃《からびつ》、桶などが持ち運ばれ、人足を使ってかつぎ上げられた。

晴豊が控えの間で待機していると、信長の小姓である森蘭丸がやってきて、「どのような御用で参られましたか？」と、主人の意を伝えた。これに対し晴豊は「信長殿はこのたび関東を討ち果たされ、まことにめでたいことでござる。さればお上（天皇）は信長殿を征夷大将軍に任じたきご内意でござる。この由《よし》、伝えんとて参った」と答えた。

これは、征夷大将軍の任官は関東制圧を条件とする、という理念が依然として生きていたことを物語る。南関東には、なお信長になびかぬ小田原城主・後北条氏がいるが、信長が武田を滅ぼして甲信両国を収め、さらに上野と北武蔵を加えたので、朝廷も「関東討ち果たされ」の条件にかなったと判断したのであろう。

右の蘭丸と晴豊の問答は『天正十年夏記』に記録されているものだが、下交渉はすでに四月下旬に京都で行われており、安土山上でのやりとりは、その線に沿った形式的なものにすぎなかった。じつは晴豊は戦勝祝賀の勅使として四月二十三日にも安土に登城しており、翌二十四日に帰京して天皇に復命し、二十五日に所司代・村井貞勝を訪れている。貞勝はいうまでもなく信長の腹心中の腹心である。

貞勝はこの時、晴豊に対し、「朝廷から安土へ女房衆を派遣され、信長様を関白・将軍・太政大臣のいずれかに推任されるように」と申し渡した。つまり信長の側から右の重職（三職）任官を要求したのであって、天皇側から推薦したのではないのである（立花京子氏論文「信長への三職推任について」）。このような信長側の要請にあって、正親町天皇は信長の意中が将軍任官にあると推測し、再び晴豊を安土に派して将軍宣下の内意を伝達したのであった。

元来、晴豊の日記は『晴豊記』（京都大学付属博物館蔵）として古くから知られていたが、天正十年（一五八二）四月以降の分が行方不明となっていた。岩沢愿彦《よしひこ》氏は内閣文庫（現国立公文書館）にその断簡が収められているのを突き止め、昭和四十三年（一九六八）に学会誌に公表された。これが『天正十年夏記』である。この発見によって晩年の信長が将軍任官に傾いていたことや、本能寺の戦闘の生々しい詳細が明らかとなった。立花京子氏の説は、この史料の再検討にもとづくものである。

本能寺の変

安土山上の御殿跡は平成十一年度から本格的な発掘調査が行われ、京都の内裏の清涼《せいりょう》殿《でん》に類似した平面をもつ建物が復元推定されたことから、信長は天皇の行幸を前提として築城していたのではないかという説が有力視されている。その場合の天皇は、正親町天皇ではなく、おそらく誠仁親王（のち病没）ではないか、というのが私の推測である。

それはともかく、武田氏滅亡後の信長が、さしあたり将軍任官を思い描いていたことはたしかであろう。「将軍になってもらいたい」という天皇側の慫慂《しょうよう》に対する信長の返答は伝わっていない。信長は正式回答を引き延ばしにしたまま大々的な毛利氏制圧にとりかかり、その過程で本能寺に無防備のまま滞在するという油断をおかしてしまう。そして、明智光秀の襲撃に遭ったのである。本能寺の変（一五八二年）である。

近年、光秀謀叛の背景について歴史家の間でさまざまに推測されているが、確実な記録や史料はまったくなく、真相は闇に包まれている。光秀は坂本城と丹波亀山城（京都府亀岡市）を与えられており、秀吉や柴田勝家に比べて信長に冷遇されていたわけではなかった。

私の考えとしては、光秀の本能寺襲撃は、ようするに重臣による主君の暗殺以外の何物でもない。信長はこれ以前にも、松永久秀、荒木村重、別所長治らに反逆されており、けっして光秀だけが例外なのではない。安国寺恵瓊《えけい》が「高ころびに仰《あお》のけに」（『吉川家文書』）と予告した通り、信長は不断に重臣による謀叛の脅威にさらされていた。これを防ぐには、マキャベリの言のごとく、強力な親衛隊を周辺に備えておくほかなかったであろう。

2　本能寺の変の陰で——坂本城跡・伊賀越え道

湖岸に浮かぶ明智光秀の居城

琵琶湖の長い湖岸に、北と南の二つの〝水城《みずじろ》〟があった。水城というのは、山上に築かれる山城、平野に造る平城《ひらじろ》の二つに対し、海岸や湖岸に築かれる城郭を指す。山門が焼き討ちに遭い、浅井氏が滅んで信長が近江を制圧した際、信長は中央の安土の地に山城を築き、北の長浜を木下（豊臣）秀吉に、南の坂本を明智光秀に預けて、それぞれ水城を築かせた。琵琶湖の水運を通じて結ばれたルートであった。

明智光秀の居城だった坂本城は、元亀二年（一五七一）の山門焼き討ちのあと、築かれた。比叡山を監視し、琵琶湖の制海権を確保する目的だった。湖岸に石垣がせり出し、その上に白亜の天守が浮かぶ水城は、朝夕に湖水に映えて、どんなにか美しかったことであろう。琵琶湖最後の水城である膳所《ぜぜ》城（大津市）がなくなってしまったいま、残念ながらその水城の面影を残すものはない。西欧でも、最も優美な城郭は、フランス・ロアール河畔のシュノンソー城のような水城であるというのが定評らしい。

大津市下阪本地区の湖岸緑地公園に立つ明智光秀の石像。この一帯に明智塚をはじめ、坂本城と光秀ゆかりの碑などが多い

さて、信長の油断から起きた本能寺の変は、〝ポスト信長〟の覇者レースを激化させた。信長を討ったとはいえ、織田軍内部だけでも秀吉や柴田勝家、丹羽長秀、佐久間盛政らの重臣がおり、光秀の覇権への見通しは立っていなかった。このため、変の後、光秀はただちに坂本城に入り、六月四日には近江をほぼ制圧して翌五日、安土城に入城した。六月七日には、ここで勅使の吉田兼見に対面している。ただ、日野城主の蒲生賢秀《かたひで》・氏郷《うじさと》父子だけが光秀の誘いを拒み、安土を脱出した信長の妻妾らを保護して日野に籠城していた。

一方、備中高松城（岡山市）攻めで滞陣していた秀吉は、「信長死す」の報を得ると猛烈な速さで姫路城に戻り、畿内に向けて軍を進めた。この情報を聞いた光秀は六月九日、女婿の明智秀満を留守居として安土城に残し、京都に戻った。秀吉を迎え撃つ戦略であった。しかし同月十三日、光秀は山崎の合戦であえなく秀吉に大敗した。後世、〝中国大返し〟と呼ばれた秀吉の機敏かつ大胆な軍事行動の前に敗れたのだった。そして光秀は、近江に向けて逃げる途中、小栗栖《おぐるす》（京都市伏見区）の竹藪で土民に討たれた。

安土にいた秀満は、敗報を聞き、坂本城に戻った。安土城天主は秀満が退去の際に焼いたという説と、この直後、安土に進駐した信長の次男・北畠信雄《のぶかつ》が放火した（『イエズス会士日本通信』）との両説がある。また秀満の坂本帰城を秀吉の武将・堀秀政が妨げたので、秀満は唐崎浜から乗馬のまま湖中を泳いで帰着したとの説（『川角《かわすみ》太閤記』）がある。ともかく、秀吉軍の包囲下に、六月十四日、秀満は光秀の妻妾一族を殺したのち、坂本城に火を放って、華々しく自殺したのだった。

宣教師ルイス・フロイスによって「信長が安土に建てたものに次ぐ城」とたたえられた坂本城跡も、いまはわずかな遺構を残すのみである。京阪電車石山坂本線松ノ馬場駅から南東方向に琵琶湖岸に向かって歩くと、下阪本小学校の近くに坂本城の石垣跡が出ている。これが三の丸の外堀跡で、さらに歩いた下阪本バス停付近に、落城の際、名刀、銃器などが埋められたと伝える明智塚がある。本丸跡は湖岸に面した電機機器メーカーの研修センター付近にある。

坂本城は昭和五十四年（一九七九）、大津市教育委員会によって発掘調査が行われ、井戸や掘立柱建物跡のほか青磁などの陶磁器、そして湖中の石垣が検出された。いまも湖の底にわずかに見えるが、渇水期にははっきりと光秀築城の石垣が姿を現すのである。

逃げのびる家康

本能寺の変が起こった天正十年（一五八二）六月一日深夜、徳川家康は主従わずか数十人で、和泉・堺の客舎に寝ていた。そして翌日、京都にいるはずの織田信長に挨拶に出向くべく、高野街道を北上していた昼前ごろに河内飯盛（大阪府四條畷《しじょうなわて》市）あたりで信長の横死を知ったのである。

信長の急逝により、広大な織田領国は一瞬にして無政府状態に投げ込まれた。とくに南山城、北大和、南近江、伊賀の一帯は光秀の支配も及ばぬ〝無主の地〟と化した。この地方には落ち武者狩りの慣行があり、敗残の武将を土民が襲って身ぐるみ剥《は》いで、命さえ奪うことが行われてきた。変の九年前の天正元年（一五七三）、槇島城（京都府宇治市）を信長によって追われた将軍・足利義昭が山城富野（同城陽市）で略奪に遭い、貧乏公方とはやしたてられ落ち延びたのはその一例である。そして、信長を討った光秀も秀吉に敗れたのち、落ち武者狩りに遭い、落命することになる。

信長の重臣中、およそ家康ほどこの事変によって苦境に陥った者はいない。なぜなら、柴田勝家にせよ、木下秀吉にせよ、諸武将はみな数万人の軍隊を率いて敵と対峙するか、軍営に控えるかしており、家康だけが軽装で小人数の主従、しかも本国を遠く離れていたからである。

変報を受けた家康は、こうなれば上洛して自殺するしかないと、いったんは覚悟を決めたという。しかし、本多忠勝ら重臣によっていさめられ、間道を縫って逃げのびることになった。

危険な場所を避けるため、一行はまず土地の事情に詳しい土豪・津田某を案内人に立てた。その日は宇治田原（京都府宇治田原町）の郷之口に一泊し、翌六月三日、信楽街道（現在の国道三〇七号）を東行して、裏白峠から近江に入った。ここから伊賀の丸柱（三重県伊賀市）に入るまでが、近江での家康の逃走路であり、場所は甲賀郡の最南端、信楽の南方の山すそを縫う道である。宇治田原から信楽まで距離にして六里（約二十四キロ）の道のりだが、家康はここを突っ走ってしゃにむに伊賀入りすることはせず、信楽の小川城で二日目の夜を迎えている。これは危険な北伊賀の情勢を探るためと、私は考えている。

戦国期の伊賀国は強大な大名に属さず、自立性の高い土豪が割拠していた。信長は次男の北畠信雄に命じて伊賀の制圧を進めていたが、そのつど手痛い反抗に遭っていた。天正九年（一五八一）、信長は自ら出馬し、大規模な壊滅作戦を行った。信長配下の武将は伊賀の国人・土豪に対し過酷な措置をとったが、家康だけが落人となった彼らを召し抱え、それに感謝した服部氏らが、家康の伊賀越えにあたって援助の手をさしのべたといわれている。

家康が一泊した小川城跡は、国道を南にそれた小川集落の南東にあたる城山（標高四七〇メートル）の山頂一帯にあったことが、昭和五十三年から実施された発掘調査で判明した。郭の跡や土塁の遺構、中国製白磁などの陶磁器、宋銭などが見つかった。当時の城主は多羅尾道可《たらおどうか》で、このときの家康警護の功績により、関ケ原合戦以後、天領の代官となり、千五百石を知行した。代官屋敷跡は城跡の南方、多羅尾集落にある。

六月四日早朝、家康主従は小川城を出発、山麓づたいに向山《こうやま》に至り、東南に転じて桜峠(現在の国道四二二号)から伊賀に出た。ここから服部半蔵らの案内で、柘植《つげ》、加太《かぶと》、関を経由して伊勢湾の港町・長太《なごう》に至った。大変な強行軍で、加太越えはおそらく乗馬によったものと思われる。

家康の伊賀越えについては、のちに「神君生涯の危難」と称されるほど、家康にとっては一大危機であった。事実、堺から同道していた客将の穴山信君(梅雪)は南山城で土民に襲われ、命を落としている。また、この伊賀越えにあたり、服部半蔵らの下知で家康の警護にあたった人々の一族は、のちに江戸幕府の諜報組織が形成されると、甲賀者、伊賀者として召し抱えられ、大きな役割を演じることになる。

3 秀吉、天下人への道——長浜城跡・賤ケ岳・近江八幡

「天下取り」の第一歩

さて、話を豊臣秀吉に移そう。

天正元年（一五七三）の浅井氏滅亡後、織田信長は浅井の本領である坂田、伊香、浅井三郡を羽柴秀吉に与え、焼亡を免れていた小谷《おだに》城に入らせた。

これは〝金ケ崎の退《の》き口〟以来の戦功に信長が報いたものであり、秀吉ははじめて一国一城の主となったわけである。先に述べたように、琵琶湖岸には、この二年前、坂本に築城し城主となっていた明智光秀がいた。室町幕府滅亡後の織田家臣中、一城の主となっていたのは明智と羽柴だけで、ここに両者は宿命のライバルとして並ぶとともに、柴田勝家以下の宿老からのやっかみにさらされることになった。

秀吉は小谷に入ってまもなく山を下り、湖岸にある今浜で城を造り始めた。長浜城である。築城は天正二年から始まり、翌年秋には完成して、秀吉は小谷から移っているが、これは秀吉自らの意思かどうかはさだかではない。ただ、この後、信長自身が安土城を築き、天正七年（一五七九）には信長の甥・信澄が湖西にある大溝城（高島市）に入れられて、安土本城を中心にした水城のネットワークが形成されることは重要である。ここに信長の意図を見て、秀吉の長浜築城も、実は信長の指示によるものであろうとする向きもあるが、ともあれ、信長がいかに近江を重視していたかは十分に察せられる。

秀吉築城以前の今浜は、佐々木（京極）導誉が南北朝初期に城を構え、応仁の乱後は京極家臣の上坂家信が改築して居城としていた。小谷城からみると、姉川を隔てて東に横山、西に今浜と三角形をなす水陸の要衝であり、秀吉が早くから要害として注目していたことは間違いない。しかし秀吉は、安土築城の前後から山陽道の毛利攻めの司令官となり、姫路を拠点としたので、長浜は秀吉腹心の杉原家次、木下家定らが城代となって城下を支配した。

そして、天正十三年（一五八五）以降、秀吉にしたがった山内一豊がこの城の城主となっている。江戸幕府成立後の慶長十一年（一六〇六）には内藤信成が大坂への備えとして入り、元和元年（一六一五）の内藤氏転封《てんぽう》の後、廃城となった。

長浜城遺跡は、ＪＲ長浜駅のすぐ西の湖岸に面し、復元天守のある長浜城歴史博物館などの施設がある。かつては細長い島になっていたようで、光秀の坂本城と同じく、「水に浮かぶ城」であった。復元天守は秀吉の規模の何倍という立派さであるが、一部は秀吉・内藤氏時代の根石を使っている。一帯では、これまで四度にわたって発掘調査が実施され、おびただしい石垣と井戸跡、瓦などが出土しているものの、秀吉時代の縄張（城郭構造）はなお不明のところが多い。波打ち際には「太閤井址」と彫られた石碑が立っており、ここには石組みが残り、長浜城内で使用された井戸ではないかとみられている。

長浜は近年、町おこしが成功した数少ない例といわれる。ガラス鑑賞館を含む黒壁スクエア一帯は夜も明るく、観光客が絶えない。もっとも、このあたりは内藤氏の城下町の域外である。彦根・井伊藩領下の在町《ざいまち》（商業所）になってからの町屋ではあるが、落ち着いた雰囲気で、散策にも適している。

秀吉が長浜で暮らした時期はごくわずかだったが、市民の追慕の思いは深く、秀吉をまつる豊国神社もある。国の重要無形民俗文化財に指定されている長浜曳山《ひきやま》祭（毎年四月十三〜十六日）は京都・祇園祭にも比較される豪華な山車《だし》（曳山）が出ることで有名だが、秀吉が在城中に男子の出生を祝して金子《きんす》をふるまい、町人がこれをもとに曳山をつくったのが始まりと伝えられている。

余呉湖畔での対陣

天正十年（一五八二）、山崎の合戦で明智光秀を打倒して、旧主（織田信長）の仇を討った羽柴秀吉は丹羽長秀、池田恒興らに根回しし、彼らの協力をとりつけたうえで、六月二十七日の清洲会議に臨んだ。

織田家の後継者は、柴田勝家らの推す信長三男の神戸《かんべ》信孝をおさえて、長男信忠の遺子・三法師丸（のちの秀信）が選出され、秀吉には備前、播磨に加えて丹波、山城の要国と近江の湖東が配分された。北陸に逼塞《ひっそく》させられた勝家らの不満は大きかったが、清洲会議はしょせん本能寺の変後に始まったパワーゲームの中断にすぎず、領国は諸大名が自分で勝ち取るしかなかった。

江北三郡は勝家に与えられ、長浜城には養子の柴田勝豊が封ぜられたが、十二月十一日、秀吉は五万の大軍でこれを包囲した。北陸が深雪で勝家の援軍がないのを見越してのことである。やむなく勝豊は秀吉に降伏し、開城した。秀吉は間髪をいれず信孝の拠る岐阜城を囲み、十二月二十日、信孝は秀吉に降った。

天正十一年(一五八三)三月、勝家は雪を冒して南下した。秀吉は伊勢にいた陣を切り上げて近江に急行、両軍は余呉湖の北方付近で互いに対峙する形勢となった。四月十三日、秀吉方の山路正国が勝家に内応して堂木山《どうぎやま》の陣を払い、北に奔《はし》った。これを合図のように、勝家方の滝川一益が伊勢長島から北上、岐阜に謹慎中の信孝も挙兵して大垣城を攻撃、秀吉軍を挟み撃ちにしようとした。

十六日、秀吉は長浜から大垣に移ったが、揖斐《いび》川の氾濫で動けず、秀吉不在を知った勝家配下の佐久間盛政は、四月二十日、賤ケ岳《しずがたけ》に連なる大岩山を急襲して中川清秀を敗死させた。秀吉方は危機に陥ったとみられた。

清秀敗死の報を受けた秀吉は、北国脇往還をひた走りに駆け通し、その日のうちに木之本の本営に戻った。備中高松城からの撤退を上回るスピード（時速一〇キロ）の〝美濃大返し〟という離れ業をやってのけた。沿道の村々に松明《たいまつ》、兵糧《ひょうろう》、替え馬を用意させ、終夜駆け通しの行軍であったという。このような俊敏さが秀吉用兵の身上であった。

翌朝の両軍激突は、賤ケ岳山頂付近で行われ、秀吉軍は、後世「賤ケ岳七本槍」の名で呼ばれる面々の活躍もあって大勝した。秀吉方は敗走する佐久間盛政、勝家らを追って、余呉湖西側の尾根筋と北国街道の両手に分かれて北上し、翌々日には越前北庄（福井）城を包囲、翌二十四日、勝家は自刃した。柴田方にあった前田利家は、抵抗もせず戦場を退去し、秀吉政権では五大老に、徳川政権では百万石という最大石高の大名として残った。

賤ケ岳合戦（柳瀬の役）は、畿内近国をバックとする秀吉と、北陸・濃尾連合勢力との一大決戦であり、この先、なお「小牧・長久手の戦い」という一波乱はあるものの、大勢として秀吉の関白政権へ道を開くものであった。

賤ケ岳古戦場跡は、標高四二一メートルの山頂にある。三百六十度の展望で、左手に琵琶湖、右手に余呉湖を鮮やかに望むことができる。山頂には戦場跡の石碑や、両軍の配置、移動を示す案内図などが林立している。

山を下り北国街道をさらに北上すると、余呉町池原集落に毛受《めんじょう》兄弟の墓がある。毛受勝照は勝家の小姓頭《こしょうがしら》で、兄茂左衛門とともに勝家の身代わりとなって秀吉軍の攻撃に耐え、華々しく討ち死にした。主君の犠牲となっての死は「武士道の精華」とたたえられ、手厚く葬られた。

安土の流れをくむ城下町

着々と天下人への階段を登っていた秀吉の養子、秀次が近江八幡の領主となったのは天正十三年（一五八五）閏《うるう》八月のことで、まだ数え年十八歳の若年であった。秀次は秀吉の近親（秀吉の姉と三好吉房の間の子）で、阿波や畿内を拠点とした名族・三好康長の養子となっていた。

早くから戦陣に臨み、十五歳の時には養父・康長とともに根来《ねごろ》征伐に赴いている。このころから秀吉にかわいがられ、康長のもとを去って、秀吉の養子となった。しかし、天正十二年（一五八四）四月の小牧・長久手の戦いでは、危険な〝三河中入《なかいり》〟軍の先鋒《せんぽう》をつとめ、徳川家康の巧妙な用兵にあって大敗し、かろうじて脱出した。この時は、さすがに秀吉から叱責されたが、翌年六月の四国攻めでは、阿波一宮城を攻略し、この功績で近江四十三万石に封ぜられ、標高二七二メートルの八幡（鶴翼《かくよく》）山に築城したのである。

しかし、まだ弱冠の身であり、秀吉は配慮して心きいた老臣数名を補佐役として付き添わせた。田中吉政、中村一氏、堀尾吉晴、山内一豊らの面々で、秀次の総石高のうち二十三万石は右の老臣らの持ち分であった。ことに田中吉政は城代として八幡に常駐し、子煩悩な秀吉の指示にしたがいつつ、築城と町づくりに従事した。秀吉自らも、同年十一月ごろに八幡まで出向き、城普請と町づくりの視察・監督を行っている。

八幡の町屋の主な部分は、織田信長の安土城下町を移したもので、博労《ばくろう》町、永原町、小幡町などは安土とも共通する町名である。しかし、安土城下では家臣団屋敷と町人居住地が混在していたのを、八幡では完全に分離し、八幡堀（内湖である西の湖と琵琶湖を結ぶ運河）より北側を武家屋敷、南側を町人地と指定した。

秀次が開いた運河・八幡堀。堀の南北両岸とも、見事な白壁土蔵の建物が並んでいる

　八幡山のふもとに広がる旧城下町の景観は、現在に至るまで比較的よく残っている。明治二十二年に開通した旧国鉄東海道線近江八幡駅が市街地の南にできたことも大きい。市内は旧西川利右衛門家住宅（国重文）など、江戸時代の商家が軒を並べており、新町一帯は「近江八幡市八幡の商家群」として平成三年、滋賀県最初の「重要伝統的

建造物群保存地区」に選定された。八幡堀は琵琶湖往来の船舶を寄港させるため、秀次時代に設けられた運河であり、おそらく田中吉政あたりの計画であろうか。ちなみに吉政は近江高島の出身である。

橋を渡り山麓に近づくと、中世以来の古社で、八幡の地名の起こりとなった日牟礼《ひむれ》八幡宮の境内である。ここからロープウェイで八幡山頂上の八幡城跡駅に向かう。天守こそ失われているが、秀次時代の石垣がよく残り、金箔を張った瓦も採集され、豊臣政権の大切な城だったことを裏づけている。

秀次の悲劇

天正十八年（一五九〇）、秀次は小田原城陥落に伴う国替えで、北畠信雄の旧領である尾張・北伊勢に転封となり、翌年十二月には秀吉に関白を譲られ京都の聚楽第《じゅらくだい》に入っている。しかし、関白となったわずか一年半後には秀吉に嫡男の秀頼が誕生したため、高野山への追放、そして自害、と彼の人生は大きく狂うこととなる。

この秀次の悲劇は、基本的には秀頼の出生によって秀次が邪魔になったことが発端だが、あれほどかわいがった秀次への残虐な処置は、秀吉の気まぐれとしてもあまりに異常である。近年の有力説の一つは次のようだ。秀吉政権は石田三成ら五奉行を中心とする

〝集権派〟と家康ら遠国大名らの〝分権派〟に分裂しており、蒲生氏郷の遺領（九十二万石）の処分をめぐって両者の対立が激化、秀次が分権派の肩をもったため、集権派の恨みを買ったというのだ。ただ、これは状況証拠からの見方であり、真相は謎に包まれている。

秀次の後には、大溝城（高島市）から京極高次が移って城主となり、「八幡山侍従」と呼ばれた。この京極高次は、くしくも室町時代に江北三郡を支配していた守護大名・京極氏の末裔である。皮肉なことに、ライバルの六角氏の旧領国に移って大名となったのである。

しかし、京極氏の八幡支配もつかの間、文禄四年（一五九五）七月、秀次は自害させられ、八幡山城も破却され、廃城となった。秀吉は、秀次をしのばせる一切を抹消したかったのであろう。こうして八幡は城下町ではなくなったが、琵琶湖水運に恵まれた港町、湖東の物流の中心として繁栄した。

秀次の八幡山城在城はわずか五年という短期間であったが、後の人生の変転を思うと、彼自身、最も幸福な時間だったのかもしれない。また八幡山山頂付近には秀次の母ゆかりの尼寺・瑞龍寺があるなど、近江八幡市民にも城下町生みの親である彼を慕う気風が残っているのである。

4　天下分け目の関ケ原——佐和山城跡・関ケ原・大津城跡と膳所城跡

石田三成の「過ぎたる」城

「治部少《じぶしょう》（石田三成の官名・治部少輔《しょうゆう》）に過ぎたるものが二つある　島の左近に佐和山の城」と落首に詠まれた佐和山城は、彦根市佐和山町にあり、中山道と北国街道をともに押さえ、東国から西国に向かう入り口ににらみをきかせる要衝に位置する名城であった。あと一つの島左近こと島勝猛《かつたけ》は、三成が自分の持ち高四万五千石の三分の一にあたる一万五千石で召し抱えた名将であった。双方とも、三成の人物にしては値打ちがありすぎる、というわけである。

佐和山城跡は、ＪＲ琵琶湖線彦根駅の北方、小高い山容を見せる標高二三三メートルの佐和山にあり、車窓から「佐和山城跡」の大きな看板が目立つ。後の彦根藩主・井伊家発祥の地である井伊谷（浜松市引佐《いなさ》町）から移された菩提寺の龍潭寺《りょうたんじ》が登り口で、境内の墓地を抜けると、尾根筋に登る細い道が延びている。麓からの比高差は一五〇メートルたらずで、十五分ほどで本丸跡にたどりつく。

本丸は東西約一〇〇メートル、南北二〇メートルの広さで、三成時代はここに五層の天守閣があったという。関ケ原で西軍が敗れた後、城には三成の父・正継らが立てこもったが、落城した。本丸の東側に落ち込んだ谷には女郎ケ谷の名があり、城内の女性たちが集団で身投げし、悲鳴やうめき声が三日三晩続いたという悲話が残っている。

佐和山城一帯は市民のハイキングコースとなり、本丸跡にはベンチなども設けられている。歴史に名を残す名城ながら、発掘調査などは実施されておらず、安土城跡や小谷城跡が国史跡に指定されている（安土城跡は特別史跡）のに比べ、扱いが違いすぎるというしかない。石垣も井伊直継（直勝）による彦根城築城に際して徹底的に持ち去られたといわれ、「悲運の城」のイメージがただよっている。

分権派と集権派の対立

三成は坂田郡石田（長浜市石田町）の出身で、代々、京極・浅井氏に仕えた歴世の国人である。幼少のおり、観音寺（米原市）の小僧をしていて、巡察で訪れた豊臣秀吉に順に温かくなる〝三椀の茶〟を出し、応対の機敏さに感心した秀吉が召し出したとの伝説がある（『武将感状記』）。

五奉行の一人として頭角を顕し、内政に能吏の腕を発揮した三成は、天正十三年（一五八五）以前に、甲賀郡水口城主となっている。そののち、小田原攻めの功労により犬上・坂田両郡蔵入地《くらいりち》（直轄地）四万五千石の代官となり、同十八年（一五九〇）、江北十九万四千石の佐和山城主となった。

豊臣秀次の項でも触れたように、三成は豊臣政権内で外様大名の強大さを抑えようという中央集権派の筆頭であった。しかし、奥羽討伐後に伊達政宗をつぶそうとして失敗し、蒲生氏郷の遺領問題でも煮え湯を飲まされるなど、分権派の巨魁《きょかい》・徳川家康の妨害にあってかならずしもその路線は成功していない。

慶長三年（一五九八）五月、小早川秀秋が筑前名島四十万石を改易され、越前北庄（十八万石）に減転封になった。収公された小早川領は蔵入地となり、三成が代官となった。秀秋の処分は朝鮮・蔚山《ウルサン》の戦いの不始末をとがめられたのが表向きの理由だが、内実は集権派の言いぶんが通ったのである。こうして三成は北九州にあって、西国大名を牽制する重大な地位に昇った。この三成の立場を九州物頭《ものがしら》と呼ぶ。

これが三成の権勢の絶頂期であるが、この年の八月に秀吉が病死すると、集権派と分権派の対立が一気に表面化する。翌慶長四年二月、秘せられていた秀吉の半年の喪が明けると同時に、秀秋は筑前・筑後の大大名に返り咲いた。家康ら分権派の巻き返しである。

同年閏《うるう》三月三日に、両派の対立をかろうじて抑えていた前田利家が病死すると、分権派は嵩《かさ》にかかって三成の追い落としをはかるようになった。翌四日、三成は大坂城を脱出して伏見に逃れ、家康を頼った。「窮鳥《きゅうちょう》懐《ふところ》に入る」かたちとなった家康は、三成憎しの諸将をなだめ、ひそかに三成を佐和山に逃して蟄居《ちっきょ》させた。

その間にも、家康は諸大名に対する懐柔策を着々と打っていた。そして自分にしたがわぬ会津の上杉景勝を討つため、慶長五年（一六〇〇）六月、大坂を出立した。一方、三成は七月十二日、家康に従軍すべく美濃・垂井に到着した越前敦賀城主・大谷吉継《よしつぐ》を強引に説得して毛利・上杉連合軍を形成し、家康を打倒する計画を立てた。関ケ原合戦の幕開けである。

あいつぐ前哨戦

織田信長の安土城築城を振り出しに続けてきた近江戦国史の旅も、いよいよゴールにさしかかった。行政上は隣国（美濃）になるが、番外編として関ケ原合戦の舞台まで足をのばしてみよう。

石田三成が佐和山城で、大谷吉継や安国寺恵瓊《えけい》らと打倒徳川の策を決めたのが慶長五年七月十二日である。家康は江戸城にあって、同十九日に三成の挙兵を知った。しかし家康は、このことのあるを察知しており、七月二十四日、下野小山《しもつけおやま》（栃木県小山市）まで軍を進めた。ここで三成らの蜂起を確認すると、軍議を開いた。後方には会津百万石の上杉景勝が敵として控え、信濃上田の真田昌幸が大谷吉継の檄に応じて西軍に付いたので、うかつに動けなかったのである。

北陸・畿内近国を中心に、東西両軍に分かれて、諸所で合戦が続発した。八月一日、東軍鳥居元忠の守る伏見城が西軍の手に落ち、九月三日には細川幽斎（藤孝）の籠る丹後田辺城（京都府舞鶴市）も西軍に囲まれた。京極高次は吉継とともに越前に出兵していたが、九月三日、急遽、大津に戻って東軍に応じ大津城に籠城した。この大津城は現在の浜大津あたりにあった本格的な城で、西軍の毛利、立花氏らが包囲したが、落とすことはできなかった。一方、瀬田、水口、佐和山などの諸城は西軍が押さえていた。

家康は九月一日、ようやく江戸を出発したが、福島正則、黒田長政、細川忠興らは先鋒となってすでに美濃に到着し、八月二十三日、岐阜城を陥れていた。目と鼻の先の大垣城は西軍が固守し、ここにおのずと東西両軍の先鋒が対峙するかたちとなった。近江と美濃の国境が、一大会戦の場となることがはっきりしたのである。

関ケ原一帯は、大軍が東国から畿内に向かう場合、唯一集結可能な平原であり、地政学上の要地である。事実、壬申の乱（六七二年）や南北朝時代の暦応《りゃくおう》元年（一三三八）の北畠顕家と幕府軍の決戦、青野ヶ原の戦いはここで行われている。

豊臣大名同士の合戦

九月十三日、岐阜城に入った家康は困惑していた。徳川主力軍を率いる徳川秀忠が、信濃上田城の真田昌幸の巧妙な軍略に遭っててくぎづけとなり、美濃到着が大幅に遅れていたからである。さりとて、悠長に主力軍を待つわけにはいかない事情が東軍にはあった。

家康が恐れていたのは、毛利輝元が秀頼を擁して戦場に現れることである。配下に福島、細川、池田ら豊臣恩顧の武将を抱える家康としては、秀頼の親征は絶対に避けなければならない事態であった。だからこそ家康は、小早川秀秋の内応だけが頼りという少々危ない賭けではあったが、早期の決戦を急がざるをえなかったのである。

最も激しい戦いが行われた「関ヶ原決戦地」。雪の中に石碑と、徳川、石田両軍の紋を染め抜いたのぼりが立っていた

九月十四日、大津城の京極高次が宇治に退出し、近江一国は西軍が押さえるかたちになった。一方、大垣城にあった三成は、東軍が大垣を素通りして近江に向かうとの知らせを得て、十四日夕刻より雨中南宮山《なんぐうさん》を迂回して徹夜行軍し、関ケ原の西側に布陣した。戦いは十五日払暁《ふつぎょう》から始まり、正午ごろまでは、やや西軍が有利ともみられた。しびれを切らした家康は、小早川秀秋の陣に砲撃を仕掛け、これを機に秀秋軍は大谷吉継隊に攻めかかった。つづいて脇坂、朽木らの寝返りもあり、ついに善戦していた大谷隊が壊滅、戦局もここに決した。

合戦に参加した東軍のうち、純粋に家康の将といえるのは松平忠吉、井伊直政、本多忠勝の三人だけだった。また、西軍没収地六百六十二万石のうち、実に八割の五百二十万石は細川、福島ら旧豊臣大名に配分されている。こうしてみると、この合戦を徳川と毛利・上杉の抗争と見るのは表面的にすぎ、実は豊臣大名同士の争いだったという評価が出てくる。

慶長八年（一六〇三）、家康は征夷大将軍に任ぜられ、江戸に幕府を開くものの、元和元年（一六一五）の大坂夏の陣で豊臣家が滅亡するまで、秀頼と豊臣大名の動静を気にせざるをえず、武断的な政策が制約された。それはとりわけ、天皇・朝廷に対するぬるま湯的な態度にあらわれている。

ＪＲ東海道線関ケ原駅から北西約五百メートルのところにある関ケ原町歴史民俗資料館には戦況のジオラマが展示されており、合戦の推移がよくわかる。さらに西に進むと家康最後の陣跡や国史跡の「関ケ原決戦地跡」もあって、立派な石碑が立つ。

三成の陣跡はさらにその西、笹尾山のふもとにあり、旧北国街道をまたいで南下すると、島津義弘（惟新）の陣跡もある。義弘は三成に、家康本営への夜襲を献策したが、容《い》れられなかった。謀略のかぎりをつくした三成だったが、最後の決戦だけは堂々と白兵戦によって敵を倒したいと決意していたらしい。

敗れた三成は伊吹山中に逃れたが、九月二十一日に捕らえられ、安国寺恵瓊らとともに京都・六条河原で斬られた。信長の滅亡を「高ころびに仰のけに」と予言した恵瓊といえど、自分の末路は予測できなかったのである。

幻の水城

天下分け目の戦いに勝った徳川家康は慶長五年（一六〇〇）九月二十日、大津城に入り、戦後処理や論功行賞を行った。大津城といっても、いま私たちが見ることはできない幻の城である。現在、その地には、大津港に小さく「大津城跡」の石碑が残っているだけで、遺構はすべて地下に埋もれている。しかし、その縄張は大きく、外堀は今の琵琶湖疏水から主要地方道大津停車場線に挟まれる範囲で、本丸跡は今の大津港マリーナ付近にあり、湖上に張り出していた。外堀は関ケ原合戦の際、西軍の攻撃で埋められたが、中堀の西側は昭和初年に埋め立てられるまで残っていた。

大津城は天下人となった豊臣秀吉の命で天正十四年（一五八六）、坂本城の施設を廃して移すことによって築かれた。坂本は、中世には米市場があり、北陸からの物資の集散地だったが、秀吉は大坂への物流の便を考えて、三井寺《みいでら》（園城寺）の門前町であった浜大津に城郭を移したのである。

大津城は小諸城《こもろ》（長野県小諸市）と同じく、城下町よりも本丸が最低部にくるという〝穴城〟である。したがって防御性に乏しく、経済性のみを重視して築いた城といわれる。初代城主は浅野長吉で、次が増田長盛、三代目が新庄直頼、四代目が文禄四年（一五九五）に入城した京極高次だった。

高次は近江八幡からの転封であるが、秀吉側室、松丸殿《まつまるどの》の兄にあたり、妻は淀君の妹・初《はつ》で、秀吉にとっては近親で、秀吉恩顧の大名だったが、徳川秀忠と義兄弟（秀忠の妻・江《ごう》は初の妹）という縁もあって、家康から東軍に付くよう誘われていた。迷ったあげく寝返ることに決め、慶長五年九月三日からこの城に籠ったのである。

高次の奮戦によって、立花宗茂を中核とする西軍一万五千は大津にくぎづけとなり、関ケ原にかけつけることができなかった。同月十五日になって、高次は和睦に応じて城を開き、高野山に落ちたが、西軍兵力はおおいに削《そ》がれた。ちょうど同じころ、信濃・上田城で真田昌幸が徳川秀忠軍をくぎづけにしたのと好一対である。

天下の経営にあたって近江の重要さは、家康もよくわかっていた。このため関ヶ原後、大津城の再建を考え老臣本多正信に諮ったところ、正信は「背後に山が迫った浜大津は守るに不適である」として反対した。正信は湖南の膳所《ぜぜ》、瀬田、大江の三ヵ所を城地として推挙し(『懐郷坐談』)、結局、膳所築城に落着したという。幕府は大津を天領・代官支配地となし、以後、商業都市として発展することになる。

この大津城の旧天守閣は、彦根城に移建されたという伝承は『井伊家年譜』によって知られていたが、昭和三十二年の彦根城天守(国宝)の解体修理の際、用材の墨書銘や符号により、慶長十一年(一六〇六)、大津城から移したことが確認された。

膳所城と直轄都市・大津

新たに築城された膳所城もまた、本丸を湖水に張り出し、坂本、大津に次ぐ水城であった。縄張は丹波篠山《ささやま》城を手掛けた築城の名手・藤堂高虎の手になり、美しい景観は「瀬田の唐橋、唐金擬宝珠《からかねぎぼし》、水に映るは膳所の城」とうたわれた。大津市役所近くにある市歴史博物館には膳所城の復元模型や絵図が常設展示されており、面影をしのぶことができる。

城下町は東海道に沿って形成された。中下級の武家町は山手の西側に築かれている。膳所城は結局、京都から江戸へ向かう直近の城として、将軍宿所、瀬田橋の管理など、軍事的役割を担わされ、経済商業上の機能は大津に依存したまま幕末に至った。

膳所城跡は現在、天守閣などの建物はなく、芝生が敷かれた史跡公園となっている。JR琵琶湖線膳所駅から南東に歩くと、途中、京阪石山坂本線膳所本町駅の近くに古社・膳所神社が目に入る。境内の浜側に建つ門が、旧膳所城遺構の薬医門《やくいもん》である。またさらに南東に五百メートルほど行った場所にある篠津《しのづ》神社の西門も旧膳所城の遺構北大手門で、ともに国の重要文化財に指定されている。

なお膳所城主は、戸田一西《かずあき》から氏鉄《うじかね》、本多康俊、菅沼定芳、石川忠総と変転を重ね、慶安四年（一六五一）、伊勢亀山から本多俊次が七万石で入封してからは世襲して幕末に至っている。いずれも三河出身の中小武士団の一族で、徳川政権を長く支えたのである。

江戸幕府は主要都市を国家の直轄とした。この政策は織田信長、豊臣秀吉の都市支配方式を引き継いだもので、大幅な自治が許されていたドイツの帝国直属都市とは性格を異にする。江戸、京都、大坂、奈良、堺、長崎、伏見、大津、日光、宇治山田などが主なところで、幕末に近づくにつれ増えていった。

大津は、はじめ五畿内郡代（上方奉行とも）だった小堀遠州の管轄に属し、元禄以降は京都奉行所の配下となり、再び代官支配に復するなど変遷をたどったが、しだいに幕府勘定奉行の統制が強くなるのが特色である。近江では大津と信楽（多羅尾）に代官所があった。

第六章　近世・近代

甲良町役場前にある甲良宗広像

1　名匠と文人たち——甲良神社・藤樹書院・幻住庵

名工・甲良宗広

近江をめぐる時空散歩は、ここから江戸時代に入る。近世の近江には、泰平の世に文化人や職人・工人、商人など、庶民の活躍が目立つ。これらを順次、おおむね時代順に取り上げていこう。

これまで近江に残る名建築やそれを造った甲良《こうら》大工についてたびたびふれてきた。この甲良大工のなかでも、その名を歴史に残す人物が甲良宗広《むねひろ》である。

犬上郡甲良町は彦根市の南に接する。東海道新幹線と併走する近江鉄道の尼子《あまご》駅から東南に一キロたらず歩くと、甲良西小学校の校舎が見え、その北側に甲良神社がある。国の重要文化財の権殿《ごんでん》には寛永十一年（一六三四）の棟札銘があり、甲良町が生んだ江戸初期の名大工・甲良宗広の設計という。この尼子という集落名は、山陰の戦国大名・尼子氏と同じで、同地出身の国人が京極氏の被官《ひかん》となり、応仁の乱後、出雲で自立して大名化したのである。

甲良神社は町内にもうひとつあって、尼子の甲良神社から東南方に約一キロあまり、甲良町役場の南側に法養寺の甲良神社が鎮座する。本殿（県文化財）は尼子甲良神社と同じころの建築で、やはり宗広が手がけたものであろう。あと、県内で宗広の建築としては、湖東三山の百済寺《ひゃくさいじ》本堂がある。

甲良宗広は天正二年（一五七四）、法養寺集落で生まれたと伝えられる。祖父は丹羽長秀の工匠で、父も大工である。ようするに甲良大工の名門の出ということになる。

宗広は京都・建仁寺の大工に弟子入りして腕をみがき、青年期に徳川家康に見いだされ、慶長大地震で荒廃していた伏見城の修築を手がけた。伏見在住のころ、近衛家屋敷の門の造立について左甚五郎と競い、彫物《ほりもの》の技により左衛門尉《さえもんのじょう》に任じられたという。この後、吉田神社の建築で大いに評価され、豊後守の受領《ずりょう》を得たという。

これは私の推定だが、吉田社の建築とは慶長六年（一六〇一）再建の斎場所大元宮《さいじょうしょだいげんぐう》（重文）ではないかと思われる。八角円堂の上に入母屋造の屋根をかぶせるという複雑な技法の建物で、この処理が水際立っていたので評判となったのであろう。

増上寺・江戸城・東照宮を手がける

慶長九年（一六〇四）、江戸に下向した宗広は、重要建築を手がけることになり、幕府の作事方《さくじかた》大棟梁に任ぜられた。作事方は大工頭《だいくがしら》中井家の配下にあって、幕府の建築関係万般を扱う役所であり、棟梁とは技術系の最高峰、つまり技監にあたる。

甲良家の家伝では、増上寺三門、慶長十二年（一六〇七）に建てられた江戸城天守、山王神社などを担当したことになっているが、これらには異説もあり、増上寺内の建築では台徳院霊廟《れいびょう》だけが宗広の作であるともいう（太田博太郎「甲良宗広」）。台徳院霊廟は二代将軍秀忠の廟所で、先の大戦の爆撃に遭い、いまは惣門だけが残っている。東京都内では寛永寺五重塔（重文）とともに数少ない宗広の作品である。

寛永十三年（一六三六）、家康の二十一回忌に際し、祖父を熱烈に崇拝する徳川家光は日光廟の大改築を指示し、造営奉行に秋元泰朝《やすとも》、設計施工は作事方大棟梁の甲良宗広があたった。期間一年五ヵ月、総工費五十七万両、工人のべ四百五十三万人という大事業である。さいわいにこの時の建物は、落雷で焼失した本地堂を除き現存している。なお、壁画、天井画は狩野探幽の指揮である。

続いて家光は、寛永十四年（一六三七）から翌年にかけて江戸城天守を造替した。場所は本丸の中央から西北の北桔橋《はねばし》門寄りに移し、慶長造営が中井家率いる法隆寺大工であったのに対し、日光と同じく甲良宗広率いる甲良大工を用いた。屋根は銅瓦葺、壁は下半分が黒塗りで、全体的に黒っぽい印象である。この天守閣は明暦の大火（一六五七年）で焼失したが、甲良家伝来の彩色絵図が残っており、面影をしのぶことができる。

このように宗広は増上寺、江戸城、日光東照宮と江戸初期を代表する大建築の施工を担当し、名工の名をほしいままにして子孫代々、大棟梁を世襲し、幕末に至った。また、甲良家に伝来する「江戸城造営関係資料」は、東京都立中央図書館に収蔵され、国の重要文化財に指定されている。

宗広の代表作である日光の建築群については、明治以来、毀誉褒貶《きよほうへん》にさらされてきた。昭和初年に来日したユダヤ系といわれるドイツ人建築家、ブルーノ・タウトが日光を「いかもの」と罵倒し、桂離宮を持ち上げたことで決定的になったといわれていたが、建築史の井上章一氏の研究によると、日光を悪く言うのはフェノロサ、岡倉天心ら、明治からあり、タウトの評言は、当時の日本のモダニズム論者の説に乗せられた面もあるという。現在では、日光の建築史上の評価は「巧みな配置と構成美」「華麗な装飾性」などと好意的である。

中江藤樹の大洲脱藩

橘南谿《なんけい》は伊勢の医者で、十八世紀の人である。天明大飢饉《ききん》の前後五年間、南は九州から北は東北まで旅行し、『東西遊記』を残したが、中江藤樹（一六〇八〜四八）について、次のエピソードを伝えている。

加賀藩の使者が公金二百両を携帯して上洛の途次、湖西の和邇《わに》宿に泊まった。ところが、馬の鞍《くら》に公金を結わえつけたことをすっかり忘れ、馬方とともに帰してしまった。しばらくして気づいた使者は、青くなって切腹の覚悟を決め、遺書をしたためていると、真夜中近く、馬方が公金を持って宿に現れた。

驚喜した使者は、馬方に礼金を渡そうとしたが受け取らない。近ごろ奇特なことと出自を尋ねたところ、高島郡小川村（高島市安曇川《あどがわ》町小川）で中江藤樹先生の教えを受けて生活しているという。この話（加賀藩士の述懐）を隣室で聞いていた熊沢蕃山《ばんざん》が、「藤樹こそわが仕えるべき師なり」として、即刻入門したというのである。

中江藤樹は慶長十三年、小川村に生まれる。祖父・吉長は一町二反余の田地（石高十六・五石）をもつ有力農民であったが、天正十一年（一五八三）、加藤光泰が大溝城二万石に入ったとき武士となって同氏に仕え、二男・吉久に田畑を譲った。藤樹の父・吉次と吉久は兄弟仲が悪く、後年、藤樹は貧苦の中ですごすことになる。

元和元年（一六一五）、藤樹は九歳で伯耆《ほうき》米子の加藤家に仕える祖父の養子として山陰に赴き、翌年、転封で祖父に連れられて伊予大洲《おおず》（愛媛県大洲市）に移った。この地で勉学を始め、十七歳のとき京から下向した禅僧に『論語』の講義を受け、二十歳で『大学』を熟読した。そして翌年、最初の著作『大学啓蒙』を著している。このころの藤樹は朱子学に没頭し、同僚から「孔子殿」とあだ名され、からかわれている。

寛永九年（一六三二）、二十五歳のとき、暇《いとま》を請うて帰郷し、母に大洲下向を勧めたが果たさず、翌年、藩に辞職を請願。寛永十一年（一六三四）三月、家老などにも運動したが容れられず、脱藩に踏み切った。

嘆願書には「古郷の母、十年以上一人住まいを仕《つかまつり》罷《まかり》有《あり》候《そうろう》。私の外に母をはぐくみ申すべき子も御座なく」とあるように、表向きはあくまで母への孝養のためであった（以上、宮川満「中江藤樹の大洲脱藩について」）。

しかし、学者の間には脱藩の真因について、（一）藩内諸問題からの逃避、（二）藩主への諫言《かんげん》、（三）キリシタン容疑——などの諸説がある。（三）は一見、荒唐無稽のようだが、林羅山の『草賊記』に、藤樹の学問を指して「天草の一味」とし、羅山の子、林恕《じょ》からは「邪教」と罵《ののし》られていることを根拠としている。ただ宮川氏は「藤樹をキリシタン信者と断定できる証拠がなく推測の域を脱しない」と、この説を退けている。

近江聖人と日本陽明学

藤樹は小川村に帰った後、酒売りを内職とし、そのかたわら私塾を開いて村人や門下生の教育にあたった。在村十四年の間に、彼は朱子学礼法の重視から次第に道徳の精神を重視する方向に傾いた。「個人の主体性を基本とした朱子学の道徳思想を、日本の社会に適応させようとした、独創的な思考の成果」（尾藤正英氏「中江藤樹」）と、研究者には高く評価される。

彼には喘息《ぜんそく》の持病があり、惜しくも四十一歳で早世した。正保元年（一六四四）、三十七歳の時、王陽明の全集を入手し、陽明学に傾倒したが、すでに晩年に達しており、陽明の理解は不十分なまま没したとするのが通説である。代表作は三十三歳で著した『翁問答』という。

藤樹没後、弟子の蕃山や渕岡山《ふちこうざん》の活躍で、一方では幕府に警戒されつつ、彼の思想は京都、大坂、会津などで普及し、江戸後期には「近江聖人」と称されるようになった。大塩中斎（平八郎）は藤樹に傾倒し、天保八年（一八三七）の大塩の乱に際しては、中斎の檄に応じて参加した藤樹書院番の志村周次《かねつぐ》が非業の死を遂げ、京都町奉行の役人が小川村に出張して探索にあたったが、さいわいに連累者は出なかった。

明治以降、藤樹は親孝行の模範として道徳教育上、重んじられ、村井弦斎の『近江聖人』が児童向けの本として愛読された。一八九四年には内村鑑三が『日本及日本人』（のち『代表的日本人』）の一人として英文で世界に紹介し、デンマーク語、ドイツ語の版も出た。前項の加賀藩士による公金の話も、この本に出ている。

終戦後も、筆者の少年時代には子供向けの絵本として藤樹の伝記があったから、昭和三十年ごろまでは著名人であったろう。その後、教育界で敬遠されるようになり、若い世代の間では忘れられてしまった。しかし、小川地区には今なお立派な書院や記念館、藤樹神社などがあり、九月二十五日の命日には毎年、藤樹忌が儒式で行われている。

藤樹書院で営まれる藤樹忌。写真は焼香する著者

伊賀者の子孫

戦国時代、飯尾宗祇や柴屋軒宗長《さいおくけんそうちょう》、里村紹巴《じょうは》ら連歌師の社会的地位は高かった。彼らは文芸の地方伝《でん》播《ぱ》という役割のほか、戦国大名の欲した情報を提供する役目も担ったので、地方では優遇されたのである。しかし太平の世になると、連歌師のそうした地位は消えてしまい、俳諧《はいかい》師は生計を立てるのに苦労するようになった。大方の俳人が専業を他に持つか、内職をして稼ぐかしたなか、松尾芭蕉は俳諧を専業としていた数少ない文人の一人である。

芭蕉は柘植《つげ》(三重県伊賀市)を本貫とする伊賀者・松尾氏の末裔で、青年時代は藤堂藩重臣の藤堂良忠に仕え、台所用人だったというのが有力説である。良忠は「蟬吟」を俳号とする俳人。芭蕉は北村季吟《きぎん》の同門であり、そうした縁で芭蕉自らも「仕官懸命の地をうらや」んだのだが、良忠は二十七歳の若さで没し、芭蕉の武士への道は閉ざされた。

後年の追憶に、「一度は仏籬《ぶつり》祖室の扉《とぼそ》に入らんとせしも」というごとく、上洛して禅林修行に打ち込んだ時期もあったらしいが、結局は俳諧への執心やみがたく、「生涯のはかり事」、すなわち俳人として立つ決意を定めたのであった。

芭蕉の師の季吟は近江生まれで、京都五条で小社の神職を副業としていた。季吟は芭蕉に延宝二年(一六七四)、『俳諧埋木《うもれぎ》』を伝授し、このときから芭蕉は「桃青《とうせい》」の号を名乗るようになる。翌年、江戸に下った芭蕉は、高野幽山の執筆《しゅうひつ》をつとめた縁で西山宗因に認められ、しだいに俳壇で重きをなしたが、当時の俳諧は卑俗な句で点料(謝礼)を稼ぐ〝座敷乞食〟とさげすまれる存在であった。

芭蕉は伊賀と京都を往復したことから、しばしば近江を通過しており、大津にもよく滞在宿泊した。湖国の風光を愛《め》で、堅田、唐崎、大津などで名句を吟じた。『野ざらし紀行』の「山路来て何やらゆかしすみれ草」は山科から大津へ出る小関越《おぜきごえ》で詠んだものである。堅田本福寺住職の千那は芭蕉の弟子で、芭蕉が当寺で詠んだ「病む雁の夜寒に落ちて旅寝かな」は人口に膾炙《かいしや》した。

大津の芭蕉

芭蕉は延宝八年（一六八〇）冬、宗匠としての点業をやめて深川に隠棲し、以後、門弟らの援助で生活することになった。深川の邸内に芭蕉が茂ったことから、門弟らは庵を「芭蕉庵」と、庵主を「芭蕉翁」と呼び、これが通称となったが、公式の俳号は桃青である。深川の隠棲は、荘子の「無何有《むかう》の郷《さと》」になぞらえたものだが、芭蕉自身はそれにも嫌気がさすようになる。元禄二年（一六八九）、深川邸を人に譲り、門人・河合曾良《そら》を従僕として『おくのほそ道』に出立した。この旅行の紀行文が芭蕉の代表作となったが、半年の長旅の疲れをいやすべく、同年末、大津・義仲寺《ぎちゆうじ》境内の無名庵に入り、翌々年九月まで三年弱の間、大津に滞留する。

膳所藩の中老、五百石取りの菅沼定常は芭蕉の高弟で、芭蕉のパトロンでもあった。伯父・菅沼定知（幻住老人）が隠棲していた石山国分の草庵を修復し、避暑邸として芭蕉に提供した。元禄三年（一六九〇）四月、芭蕉はこの庵に入るが、別邸を気に入った芭蕉は『幻住庵記』を著す。これは鴨長明の『方丈記』とも比べられる隠者文学の名作で、簡潔なこともあり、教科書にもよく掲載される。筆者も高校生の頃、古文の教科書で愛読し、現地を訪れたこともある。当時の建物は昭和十年（一九三五）に再建された茶室風のものさびたものであった。現在の建物は平成三年（一九九一）に建てられた三代目である。近《ちか》津尾《つお》神社の左手の斜面に庵が立っている。

『幻住庵記』の文中で、芭蕉はパトロン菅沼定常のことを「勇士菅沼氏曲水子」と表現している。曲水は蕉門の古い弟子で、義仲寺境内無名庵の新築にも資金を提供し、芭蕉自らも金子《きんす》を曲水に無心した書状が残っており、門弟というよりは友人に近い間柄だったという人もいる。定常は享保二年（一七一七）、藩の奸臣《かんしん》を刺殺して自死しているが、これは芭蕉没後二十三年のことである。〝勇士〟なる芭蕉の見立てはなかなかのものだったといえる。人を見る目があったのであろう。

芭蕉はその後、江戸と無名庵を往復し、元禄七年（一六九四）十月、大坂南御堂（東本願寺難波別院）前の花屋の貸座敷で病死した。遺志により即刻、遺骸は淀川経由で伏見に運ばれ、死去翌日の昼には義仲寺に搬入され、木曾義仲の隣に葬られた。遺言の「ここは東西の巷《ちまた》、さざ波よき渚なれば、生前の契深かりし所也」は、近江の歴史上の位置をも見事に表している名文であろう。

2　世界を舞台にした近江人——雨森芳洲書院・柳川浜大宮神社・大溝瑞雪院

正徳元年の復号問題

十八世紀の近江からは、雨森《あめのもり》芳洲《ほうしゅう》、北方交易に従事した近江商人、千島探検に従事した近藤重蔵ら、国際的に活躍した人々が出現した。

優美な十一面観音像（国宝）で知られる伊香郡高月町・渡岸寺《どうがんじ》（向源寺）の北方に雨森の集落がある。北国脇往還に沿ったひっそりとした村だが、高時川からの用水が引き込まれ、小さな水車が音を立てて回る。村内に番場蓮華寺から光厳上皇らがひそかに逃れて隠れたとの伝えのある天川命《あまがわのみこと》神社が鎮座し、芳洲書院はその東北方にある。

雨森芳洲（一六六八〜一七五五）は、江戸時代の元禄から享保期にかけて活躍した儒学者である。彼の出身地であるこの地は、中世は富永庄雨森郷と称し、おそらく芳洲は国人雨森氏の後裔なのであろう。

芳洲は青年時代、江戸に出て、木下順庵に師事した。順庵の旧宅跡は京都の四条烏丸《からすま》北方にあるが、元禄期には江戸に門戸を張って、門下に新井白石ら、錚々《そうそう》たる学者がいた。

芳洲は元禄二年（一六八九）、二十二歳のとき、師の推挙で対馬藩に仕えることとなった。対馬藩といえば、代々、朝鮮との外交事務を担当しており、芳洲も韓語を研鑽し、通訳なしに朝鮮人と会話できるまでになった。

その芳洲の名を天下にとどろかせたのが、正徳元年（一七一一）に起こったいわゆる「復号問題」である。

宝永六年（一七〇九）、徳川綱吉が没すると、芳洲の同門の先輩、白石が侍講《じこう》として仕えていた甲府宰相綱豊が六代将軍・家宣となった。白石は宰相職に抜擢《ばってき》され、悪法「生類憐みの令」を撤廃するなど、さっそうと登場した。芳洲は白石に祝賀の詩を贈り、ひそかに引き立てを期待した。しかし、翌々年の朝鮮使節の来日を機に、両者は激突することになる。

朝鮮通信使

元寇をはさんで、長らく外交断絶状態にあった日中間を、朝貢という形で復交したのは足利義満であるが、彼ははじめ「准三后道義《じゅさんごうどうぎ》」の名で明の建文帝に上表《じょうひょう》し、建文帝は「日本国王源道義」と呼び、冊封《さくほう》体制が成立した。

義満の嫡子・義持も当初は冊封を受け入れていたが、応永十八年（一四一一）、日本側から国交を断絶した。しかし、その弟・義教は再び「日本国王」として国交を回復した。朝鮮に対しても義政、義澄（十一代将軍）は「日本国王」と自称している（田中健夫「足利将軍と日本国王号」）。このように、室町期はおおむね将軍（室町殿）が対外的には「日本国王」を名乗っていたことになる。

また、豊臣秀吉は文禄の役（壬辰《じんしん》倭乱）の講和の過程で、明の万暦帝から「日本国王」に冊封され、これを怒って慶長の役（丁酉《ていゆう》倭乱）が始まったことはよく知られる。

このような歴史的経緯もあって、徳川家康は対外的に国王号を用いることを慎重に回避していた。日朝間には一六〇九年に己酉《きゆう》条約が成って通商関係が先行しており、国交の早期妥結を急ぐ対馬藩は家康を国王とする国書を偽造して外交事務を行い、これが露見して幕府から咎《とが》めを受けた。そこで幕府の儒官・林信勝らは「日本国大君」号を案出し、これを徳川将軍、すなわち元首の対外称号とした。

こうして、家光より綱吉まで歴代将軍は朝鮮国王に対して「日本国大君」を称した。しかし白石は、大君が中華では「天子」を指す語で、将軍が使用するのは「朝家万乗の尊号」の乱用であり、また大君号は朝鮮では王子の称号で、日本将軍と朝鮮王子を同列に置くとして批判し、室町時代にさかのぼって国王号を復活させたのである。

芳洲は白石の同門ではあったが、通信使接待の格下げを図る白石の政策と、壬辰丁酉倭乱に対する認識不足は許せなかった。芳洲の基本は将軍を天皇の下とする名分論で、白石宛の書簡で朝鮮寄りの立場から復号（国王号）の不可を痛論した（上垣外憲一氏著『雨森芳洲』）。

結局、朝鮮側は日本の申し入れが「蛮夷の傲慢《ごうまん》」ではあるが、両国間の関係は対等であり、かつ先例もあることだからと、白石の政策変更を諒《りょう》とした。白石の政策は将軍を日本の主権者として位置づけようと意気込むあまり、現実の外交として朝鮮への礼遇を欠いたことは否めないであろう。通信使の介添えをして江戸に至った芳洲は、原則論を振り回す白石と、やむなく白石の要求に屈した使節、趙泰億《チョテオク》の間で苦心惨憺したのだった。

朝鮮通信使は、釜山《プサン》を発し、日本の大坂までは海路、大坂からは陸路をたどって江戸に至った。近江では東海道を通らず、中山道ぞいに、しかも当時の幹線を外れ、通信使独特の道を経由した。この道路のことを朝鮮人街道と呼び、現在でも部分的にその跡をたどることができる。JR東海道線野洲駅の近くから、中山道と分かれて北上して近江八幡の町中を通り、さらに旧安土城下に至る道であり、八幡には通信使接待の遺跡がいくつかある。この道は浜街道といって、織田信長が安土城を建設したとき、京都を結ぶ街道として開いたものである。

北方交易と近江商人

愛知川《えちがわ》が琵琶湖に注ぐ河口から五キロばかり北東に湖岸をたどると、柳川・薩摩の港がある。ここは、彦根市域の最西端。「薩摩」の地名は、『愛智郡志』によると、古代の薩摩隼人が移住したことにちなむという。

この両港は、江戸時代に上流から運ばれてくる土砂のため遠浅となり、漁港として細々と続くだけとなったが、中世では湖上交通の要所とされ、塩津、海津、今津と舟運で直結し、北陸の物資を扱う商人でにぎわった。とくに小浜（福井県小浜市）と今津を結ぶ九里半《くりはん》街道を経由して到来する若狭産の塩合物《しおあいもの》（塩漬魚類）は儲けが大きかった。享禄二年（一五二九）の史料には「小幡、薩摩の商人あい物を野々川衆買取、市売を仕り候《つかまつりそうろう》」と記されている。野々川衆とは、保内《ほない》商人のことである。

江戸初期、柳川浜は二十三艘《そう》、薩摩浜は二十九艘の船を持つ要津だったが、彦根藩は松原、米原、長浜の三港だけを保護育成したので、この両港は衰退を余儀なくされた。しかし、進取の気風は失われず、商人たちの中には、新天地を北方に求める者が現れた。

八日市の近くに建部《たけべ》という村があるが、ここの出身で国人の建部氏は代々、六角氏の家臣であった。天正元年（一五七三）、六角氏の滅亡に殉じた建部重武の子、七郎右衛門は柳川村で帰農したのち、天正の終わりごろ、蝦夷地《えぞち》（北海道）に渡った。越前三国湊《みくにみなと》（福井県坂井市）で船便を待ち、半月以上かかって福山（北海道松前町）の港に着岸し、花沢館で領

建部家により奉納された「松前渡海船絵馬」(大宮神社蔵、滋賀大学経済学部附属史料館保管)

主の蠣崎慶広《かきざきよしひろ》に面会して、北海の交易に深く食い込むことに成功する。こうして七郎右衛門は、松前と敦賀、小浜の間を往復し、行商で巨利を積み、小浜、敦賀に巨船を配備するまでの大商人にのしあがった。彦根市柳川町の大宮神社には、建部家が奉納した北前船《きたまえぶね》の絵馬が多く収蔵されている。

同じ建部出身の田付《たつき》新助も北方の商売を志し、松前、奥羽方面を行商した。七郎右衛門の蝦夷入りも、田付の行商に刺激されてのことという。七郎右衛門の扱った荷の主なものは、蝦夷に群生していたエゾマツ、トドマツ、アスナロなどの針葉樹で、これを上方へ搬送して「材木屋」の屋号を称した。

一方、新助も薩摩や柳川から有志をつのって「両浜組」という組合を結成して商・漁業を広げたが、とくに敦賀には支店を置き、北海の物産を売りさばいた。

両浜商人は毎年、敦賀で商談を行うのを例とし、これを「敦賀参会」と称した（『柳川共有文書』）。煎海鼠《いりこ》（ナマコ類の煮干し品）は中国へ輸出される俵物三品のひとつだが、両浜商人は寛保元年（一七四一）には松前藩から煎海鼠を長崎へ独占移出する権益を与えられた。両浜商人がいかに松前藩政に食い込んでいたかは、宝暦八年（一七五八）、藩主の婚儀に用金千五百両を、四年後に藩主の江戸出府費用千両を用立てたことでも知られる。

日本海を大迂回して下関から大坂に達する航路は江戸中期に開かれた。昆布が江戸よりも大坂で先に消費されるのは、この航路のたまものである。北前船は往路は泉州産の古着を大量に買い付け、これを奥羽地方で売りさばいた。奥羽の人々は、上方の古着をほぐして厚手の労働着である裂織《さきおり》に仕立てて使用していたのである。この裂織を見ると、上方の古着が奥羽では貴重品扱いされるという、江戸時代の奥羽と畿内の経済力の落差をあらためて知らされる。

近江の商人が松前、江差に入った時期は、江戸前期の寛永年間（一六二四〜四四）といわれ、そのほとんどが近江八幡、柳川、薩摩の出身者で占められていたという（以上、サンライズ出版編著『近江商人と北前船』）。

蠣崎慶広は豊臣秀吉、徳川家康から松前領を安堵され、蝦夷地の支配権を獲得したが、初期にはアイヌに対する苛政が目立ち、十七世紀にはシャクシャインの反乱が起こった。

その後、場所請負制が敷かれると、松前藩士の知行地である漁場を、両浜商人が借りる形で経営を行うようになった。商人は捕獲された干鱈《ひだら》、干鰯《ほしか》、白子、昆布、ワカメなどを上方に送り、米穀や衣料をアイヌに給した。漁場の開拓と漁法の改良は商人が主導したもので、蝦夷地の開発は近江商人が担っていたといっても過言ではない。

しかし、ロシア使節・ラクスマンの来航や英国船による内浦湾探査などがあり、寛政十一年（一七九九）、幕府は東蝦夷地を直轄化し、十年後には松前藩を奥州梁川《やながわ》（福島県伊達市）に転封させて全蝦夷地を直轄にした。これは両浜商人にとっても大打撃で、択捉《えとろふ》、根室などの新開地は淡路島出身の高田屋嘉兵衛が請け負った。ロシアの外交官・レザノフの部下による松前藩番屋などの襲撃（フヴォストフ事件）、海軍中将ゴロウニンの捕縛、高田屋嘉兵衛の北方拉致など、日露の緊張の幕が切って落とされる。

探検家・近藤重蔵

勝野の鬼江というのは、天平宝字八年（七六四）、藤原仲麻呂の乱で仲麻呂が敗走し一族とともに斬られた場所で、高島市大溝にある琵琶湖の内湖・乙女ケ池であるという。JR湖西線近江高島駅からすぐの所で、天正六年（一五七八）、織田信長の甥の津田信澄がここに水城を築いた。小ぶりだが、本丸の石垣はいまなお廃城の姿をとどめている。

大溝藩主の分部《わけべ》氏は、伊勢の土豪・長野氏の一族で、関ケ原合戦の直前、安濃津《あのうつ》（三重県津市）で西軍三万余を支えた功として高島郡二万石を与えられ入封《にゆうほう》した。この藩に、千島列島などの探検で知られる近藤重蔵（本名・守重、一七七一〜一八二九）が配流されたのは文政十年（一八二七）、十代・分部光寧《みつやす》のときであった。

重蔵は江戸駒込に、幕府御先手《おさきて》組与力の子として生まれた。寛政元年（一七八九）、弱冠十九歳で与力見習となると、翌年には父の隠居に伴い、多病の兄を差し置いて家督を相続する。寛政六年（一七九四）二月には湯島聖堂で学問吟味（試験）を受け、甲科及第という優秀な成績を挙げた。二十四歳の時である。

以後、幕吏として出世コースに乗り、翌年は長崎奉行手付出役《しゆつやく》、同九年には支配勘定に転じて、関東郡代付出役となった。長崎時代には『清俗紀聞』を編み、『安南紀略藁《こう》』を著しているから、文筆の才は早くからあったようである。関東郡代付勤務のかたわら、蝦夷地取り締まりについて建言したのが認められ、寛政十年（一七九八）三月、松前蝦夷御用取扱を命じられた。重蔵二十八歳である。

ロシア艦隊が初めて三陸、安房（千葉県南部）沿岸に出現したのは、元文四年（一七三九）のことであるが、十八世紀後半にはようやく北辺問題が騒がしくなってきた。仙台藩医・工藤平助の著した『赤蝦夷風説考』に動かされた老中・田沼意次《おきつぐ》は、蝦夷地開発を企て、最上《もがみ》徳内らをして蝦夷地見分（調査探検）を実施せしめた。しかし天明六年（一七八六）、江戸に起こった政変で田沼は老中を罷免され、ウルップ島まで北上していた徳内らは引き返し、調査は頓挫した。

ついで幕閣を主導していた松平定信の執政下、寛政四年（一七九二）、ロシア使節、ラクスマンが来日する。定信は彼に信牌（入港許可証）を渡し、後日の長崎回航を指示した。以後もロシアやイギリスの船が頻々と北辺に出現し、重蔵の建議もあって、再度の蝦夷地見分となったのである。

老中首座だった戸田氏教《うじのり》の命で、御使番《おつかいばん》・大河内政寿の配下に属した重蔵は寛政十年（一七九八）七月、先行して国後《くなしり》島北端に達した。一ヵ月遅れで江戸を発した最上徳内は、急行して七月末に重蔵に追いついた。択捉島へは潮流五ノット半という危険な海峡を越さねばならないが、二度の渡海を経験している徳内の舵取りで十時間にわたる悪戦苦闘の末、択捉島南端のベルタルベに着岸した。徳内以前にこの難所を通過したのは、一七七七年のロシア人ペルシュコフのみであった。

不遇な後半生

翌日、重蔵と徳内の連署で墨痕もあざやかに「大日本恵登呂府」と大書した標柱が立てられた（島谷良吉著『最上徳内』）。重蔵二十八歳、徳内四十四歳である。若い重蔵はかならずしも配下のアイヌの心服を得ていなかったが、老練の徳内は終始、重蔵を補佐した。重蔵はこれ以後、四度にわたって蝦夷地を調査探検し、『辺要分解図考』を著した。この間、高田屋嘉兵衛と協力して漁場を開き、アイヌらの生活にも意を用いた。

重蔵は文化五年（一八〇八）に書物奉行、文政二年（一八一九）に大坂弓奉行を歴任したが、大納言千種氏の娘を妻としたことが身分不相応、不遜の咎《とが》とされ、二年後、小普請入りに左遷されて江戸目黒の別邸に隠棲した。

重蔵は幕吏登用試験に抜群の才をあらわし、著書は千五百巻に及ぶ。自分が執筆するだけでなく、金にあかせて古書を収集し、江戸・滝野川に自身が集めた数百巻の古書で滝《りゅう》川《せん》文庫を設け、また、金沢文庫の再興をも企て、『金沢文庫考』を著している。けだし書物奉行は、彼の天職であった。紅葉山《もみじやま》文庫（江戸城内に設けられた図書館）の書物を博覧し、文庫の修造についても老中と身分をはばからず論争した。しかし、自著『外蕃通書』は江戸初期以来の外交政策に言及して幕閣に忌避され、失脚の一因になったとの説もある。

その後も重蔵の不運は続き、文政九年（一八二六）、長男の富蔵が目黒の別荘の境界争いから隣家の住人七人を殺傷する事件を起こし、翌年、富蔵は八丈島に、重蔵は大溝藩に流された。重蔵は大溝の地で、罪科の藩士を教戒したり、『江州本草』三十巻を著したりしたが、三年目に病死し、分部家の菩提寺である瑞雪院に葬られた。富蔵は流刑中に『八丈実記』を著し、明治十三年（一八八〇）に赦免の後、幾度か瑞雪院の父の墓所を訪れたという。

なお、近代に入っても、近江からは探検家が輩出する伝統が続いている。チベットの青木文教、中央アジアの梅棹忠夫、南極の西堀栄三郎、彼らはみな近江出身である。進取の気風に満ちているのも、近江人の気質なのであろう。

3　ゆらぐ幕藩体制――天保の義民・埋木舎

湖南三郡挙げた大一揆

さて、日露間の緊張も、高田屋嘉兵衛とゴロウニンの相互釈放で北辺は小康状態に戻ったが、幕藩体制はいたるところで行き詰まりを見せていた。

印旛沼《いんばぬま》干拓など年貢の増徴策を打ち出した天保の改革の水野忠邦は、勘定奉行に命じて貢租の可能性のある地域を調べさせていた。大塩平八郎の乱の四年後の天保十二年（一八四二）十二月、勘定奉行配下の市野茂三郎一行が近江に入った。公式には湖辺、川筋の空き地、寄洲などの開発可能地の見分であった。市野らの調査は、この時代の常で贈賄・饗応により手心が加えられ、また五尺八寸の竿で六尺として測量しているとの噂が立った。誇張竿の件は、農民への脅しの手段としたもので、実際には使われていないとする説もある。

この地では、江戸初期の延宝年間（一六七三〜八一）以来、検地が行われておらず、空き地などもほとんどが田畑に開かれていて、幕府の見分が実は「隠田《おんでん》の摘発」につながることを農民は恐れたのである。不満をつのらせた湖東、湖南地方では翌年九月に庄屋大会を開き、ひそかに一揆の計画がめぐらされた。

甲賀市甲南町の矢川神社では、天保十三年（一八四二）十月十四日、早鐘が打ち鳴らされ、「十五日夜、本揃《ほんぞろい》に候間、残らず出立致させ申さるべく候。不参の所あらば、その村へ押し寄せ、打毀《うちこぼ》ち申すべく候」とする触書《ふれがき》が近隣村々に回された（『矢川神社文書』）。

この触書は、甲賀、野洲、栗太《くりた》の三郡三百余村に回された。合計村高は二十万八千石で、一揆参加者は四万人とも一万数千人ともいう。いずれにせよ空前の大一揆で、この三郡がまとまったのは野洲川の水利関係による共同体意識からであったといわれる。

十月十五日夕、横田河原に集結した数千人の農民に対し、水口、膳所両藩は早くも察知して警備を東海道筋に出していた。しかし両藩の武士らは、一揆軍を阻止するどころか、百姓らの申しぶんを聞いたうえで道を開き、膳所藩士の一人は、村の富豪に指示して炊き出しを行わせた。こうして一揆の群衆は、市野検地奉行が滞在する三上藩陣屋（野洲市）に押し寄せた。

三上陣屋は元禄十一年（一六九八）、常陸《ひたち》、下野《しもつけ》で一万石を領していた遠藤氏の政庁である。元禄ごろの当主は、徳川綱吉の側室であるお伝の方の妹の子にあたり、小藩ながら歴代藩主は奏者番、大番頭、大坂城定番などをつとめた。一揆当時の藩主は遠藤胤緒《たねつぐ》である。前年、若年寄に昇進したばかりだった。遠藤氏は参勤のない定府《じょうふ》の大名で、藩主と藩士のほとんどは江戸におり、陣屋を守るのは近郷の郷士であった。

驚愕した市野茂三郎は陣屋を脱出し、三上山中腹の岩穴に逃げたが、結局、一揆側の強請に屈し、大津、信楽両代官所の手代と連署して「今度野洲川回、村々新開場見分の儀に付、願筋もこれある間、十万日の間、日延の儀相願候趣、承《うけたまわり》届《とどけ》候事」という書付けを「野洲川筋村々、惣百姓共」に交付した。茂三郎は一揆退散の後、京都に出て江戸表へ復命し、十二月に江戸へ向けて出立した。途中、小田原で切腹したとか改易されたとかいった噂はあるが、最期の様子はわからない。

苛酷すぎる処分

幕府の処分は迅速で、十月下旬には京都町奉行から与力同心が出張し、百数十人の百姓を縛り上げ、二条と大津の獄舎に送った。この両獄舎で苛烈な拷問のため、三十余人が獄死、または帰村後、急死している。また、奇跡的に生き延びた十一人の庄屋百姓が江戸送りになったが、すべて獄死した。こうして一揆の処分は、都合、六十数人の処刑ということになっている。

この一揆の顚末を描いた松好貞夫著『天保の義民』（岩波新書）を学生時代に読んだ私は、江戸時代に陰惨なイメージを抱かざるをえなかったが、近江の他の一揆をながめると、処分はそれほど苛酷ではない。

膳所藩領で天明元年（一七八一）に起こった一揆は、首謀者一人のみが獄中自殺した。八幡町天明六年一揆では、逮捕者はすべて釈放された。彦根藩領宝暦十一年（一七六一）一揆は五万人にのぼったが、首謀者は釈放、藩主・井伊直幸《なおひで》は自省して打ち壊された田付氏宅の修理費六百俵を下付している。甲賀一揆の処分はやはり、幕閣の陣屋を狼藉《ろうぜき》されたという幕府の意趣返しの意図が強い。

天保義民碑は、湖南市三雲の伝法山頂と野洲郡三上山麓（平兵衛神社）の二ヵ所にある。三雲の碑は、ＪＲ草津線三雲駅のすぐ東南方にあり、幅一・五メートル、高さ一〇メート

湖南市三雲にある天保義民碑

ルという巨大なものである。一揆五十周年にあたる明治二十四年（一八九一）に計画が具体化したが、完成したのは七年後で、建設費千八百九十円は甲賀郡民の寄付によった。揮毫《きごう》は水口出身の勅撰議員・巌谷修（書家。巌谷小波の父）である。一揆勢が検地十万日の日延べ（無期限延期と同義）を勝ち取った十月十五日を記念し、毎年、遺族がこの日に集会して墓前祭を行っている。

部屋住みから大老へ

鎖国により泰平の夢をむさぼっていた徳川三百年の治世のどん詰まりに至って、天下を動かし、しかも鎖国の幕を引いた政治家が近江から出現した。井伊直弼《なおすけ》（一八一五～六〇）は十一代彦根藩主・直中《なおなか》の十四男として彦根城内に生まれた。母は側室お富の方（町人の出）で、出自も低く、十七歳で父と死別してからは、兄の藩主・直亮《なおあき》から三百俵の捨扶持《すてぶち》を与えられる部屋住みとなり、城外の屋敷に移った。大名養子の口にも恵まれず、十五年間の不遇をこの埋木舎《うもれぎのや》に送ったのである。

しかし、この雌伏時代に禅や茶、武の諸道に蘊奥《うんのう》をきわめ、国学にも通じて後年の剛毅な性格を養った。藩主跡目の直久が病死し、思いがけず直久の世子となって藩を継いだ。おりから黒船の来航があり、彦根藩に相模沿岸警備の幕命が下った。彼が藩主となったのは嘉永三年（一八五〇）十一月のことで、その二年半後、ペリー率いる米艦が浦賀に現れたのである。

直弼が早くから開国論に傾いていたのは、藩儒・中川禄郎の影響とされている。直弼は溜間詰大名《たまりのまづめ》（譜代大名の上級者）の間でしだいに重きをなし、嘉永七年（安政元年＝一八五四）正月、ペリーが再び来航したときは、異国船打ち払いを主張する幕政参与・水戸斉昭《なりあき》と直弼、堀田正睦《まさよし》ら和平穏便派が激論し、結局、老中・阿部正弘は日米和親条約を締結した。阿部の病死後、蘭僻《らんぺき》大名の佐倉藩主・堀田正睦が老中首座に就任し、米国総領事ハリスの江戸入り、将軍面謁へと進んだ。斉昭ら攘夷派は切歯扼腕《せっしやくわん》したものの、実際に攘夷が可能であったか否かは疑問である。

安政五年（一八五八）二月、堀田はハリスの要求に伴う通商条約勅許の奏請のために上京した。元来、勅許は不必要だが、幕閣の一部に勅許論が擡頭していたためである。おりから将軍継嗣問題が持ち上がり、直弼は血統論を主張して将軍・家定の従弟にあたる紀州家の慶福《よしとみ》（家茂《いえもち》）を推し、一橋慶喜《よしのぶ》を推す斉昭、島津斉彬《なりあきら》らと対立した。

直弼は正睦上洛に先んじて腹心の長野主膳を入洛させ、関白・九条尚忠《ひさただ》を幕府側に取り込むことに成功する。正睦が勅許を得るのに失敗して帰府後三日目に、直弼は松平慶永《よしなが》優勢との大方の予想を裏切って大老に就任した。これは閣老で上田藩主の松平忠固《ただかた》の巧妙な根回しによるものであった。

桜田門外に散る

こうして六月、直弼は日米通商条約を調印させ、御三家の押しかけ登城にも屈せず、慶福の将軍相続を発表した。朝廷側は八月、水戸藩に密勅を下し、関白を更迭するなど妨害に出たが、これを水戸藩の陰謀と受け止めた直弼は、ついに安政の大獄を断行した。

長野主膳が京都で工作中の八月八日、水戸藩に下った密勅を戊午《ぼご》の密勅という。これは、大老、老中らの幕閣に対し、御三家、御三卿、家門、諸藩と協議して「安内攘外」を指示したもので（吉田常吉著『井伊直弼』）、どうということのない内容だが、水戸藩に下したところが問題だった。主膳もこの動きを探知できず、幕府の面子《メンツ》がつぶされたのであり、直弼の怒りももっともといえる。関連逮捕者は宮家、公卿らの諸大夫クラスで三十余人、浪士ら志士を加えて五十人弱に達したという。

安政五年七月五日、押しかけ登城の咎で、直弼は斉昭、慶喜らを謹慎処分にすると、九月以降、密勅の首謀者・梅田雲浜《うんぴん》らが一網打尽に捕らえられ、翌年三月にかけて江戸へ送られた。この手入れに活躍した長野主膳は元来、本居宣長の教えに連なる国学者で、埋木舎時代の直弼の師であった。

さすがの朝廷も幕府の見幕に押され、安政六年（一八五九）二月、鷹司政通《たかつかさまさみち》、青蓮院尊融親王以下を辞官、落飾などの処分に付した。梅田雲浜は獄死、橋本左内、頼《らい》三樹三郎、吉田松陰らは死罪となり、斉昭は永蟄居《えいちっきょ》、慶喜は隠居慎、また直弼シンパの正睦、忠固まで隠居の処分となり、川路聖謨《としあきら》ら有能な幕吏も罷免に追い込まれた。密勅関係者の処分はやむをえないとしても、開明派の幕吏まで追放したのは行き過ぎであった。この処分が終結してわずか五ヵ月後の安政七年（万延元年＝一八六〇）三月、直弼は桜田門外の変で水戸浪士の襲撃に倒れた。

勅許を得ずに条約を調印した直弼の措置が英断か無謀かは判断が微妙なところだが、この後、展開する四国連合艦隊による下関占領、薩英戦争などを見ると、攘夷派の言いぶんが国を危うくする暴論であったことは明らかである。露艦の対馬占領に見られたように、植民地化の危険は現実のものであり、幕府を倒した明治政府も、結局は直弼の敷いた外交路線を踏襲するほかなかったのである。

4 近代社会への脱皮——琵琶湖疏水・大津事件

日本人による大土木事業

近江をめぐる歴史の旅もいよいよ終わりに近づいた。
明治維新を契機に、日本は近代国家への道をひたすら進むようになる。最後になるが、近代国家形成期の近江で展開したインフラと法（社会システム）の整備にまつわる出来事を紹介し、筆をおくことにしよう。

中世以来、京都へ運ばれる北陸の物資は、ほとんどが近江を経由していた。塩津、今津などの湖岸の市場が発達し、室町時代、坂本に米市場が立ったのはこの理由からである。坂本や大津からは馬借《ばしゃく》や車借《しゃしゃく》で京都へ運ばれたが、舟運のほうが便利なため、琵琶湖と淀川を運河で結ぶ計画が早くからあった。高瀬川を開いた角倉了以《すみのくらりょうい》、素庵父子に、江戸幕府の儒官・林道春が瀬田川や宇治川の開削を早くから持ちかけていたという。幕末には、京都—大津間の運輸量が激増し、人馬道と牛車道を開いていたが、破損も激しく、滋賀県側からも運河開削計画が立てられた。また、明治七年（一八七四）には、大津百艘船仲間、大津湖上汽船の関係者が外資導入で疏水計画を申請し、翌年には犬上・栗太郡有志が外国人測量士を雇って測量を計画している。

一方、天皇の東京行幸により、火の消えたようになった京都では、明治十四年（一八八一）、府知事に着任した北垣国道《くにみち》が京都の産業振興策の目玉として疏水計画を立て、要人に実現を働きかけた。明治天皇から〝手切れ金〟として京都に下賜された十万円の恩賜金を元資とし、外国人の手を借りず、日本人だけで工事を行おうというものだった。

そこで白羽の矢が立てられたのが、工部大学校の初代卒業生、田辺朔郎《さくお》である。二十代の青年の卒業論文をそのまま計画にあてようというのである。当然、オランダ出身の御雇外国人デ・レーケは計画を危ぶみ、水路調査のうえ「NO」の結論を答申している。

滋賀県令・籠手田《こてだ》安定は、大津県判事を振り出しに、県政一筋を歩んできたベテランの県令であった。籠手田は疏水による琵琶湖の減水を恐れ、大阪の五代友厚らと組んで北垣の計画に対抗した。明治政府は結局、疏水計画が近代化に必要と判断し、籠手田県令を更迭した上で工事を認可した。

この際、水害を恐れる大阪、滋賀両府県に配慮して、滋賀県の堰止《せきとめ》工事費、大阪府の水害予防工事費（計十三万円）も京都府の負担となった。しかし明治二十一年（一八八八）、瀬田川鉄橋の工事で、滋賀側の減水の恐れは相殺され、結局、堰止工事は中止となった。

ともかく、明治十八年（一八八五）、大工事は起工された。主任技師・田辺朔郎は二十五歳の若さであった。同二十一年に大水害が起こって琵琶湖が異常に増水したことは、北垣、田辺らにとって追い風となった。計画に反対したデ・レーケも、日本で初めて等高線を用いて作られた田辺の運河路線地図には一目も二目も置いている。しかし、当初の六十万円の予算が政府の修正指示で百二十五万円まで跳ね上がり、京都市民は増税に苦しんだ。北垣、田辺両人は口さがない市民から「今度来た餓鬼（北垣）、極道（国道）」「若造」などと罵《ののし》られた。

工事の最難関は、花崗岩《かこうがん》質の岩盤を掘り抜く逢坂山の隧道《ずいどう》（トンネル）であった。貫通直前に六十五人の工夫が生き埋めになる事故（最終的に全員救助）があり、田辺らを縮みあがらせた。

日本初の水力発電

世紀の難工事は明治二十三年（一八九〇）四月、竣工にこぎ着けた。これより先、田辺らはアメリカの鉱山などを視察。水力発電の可能性を知り、帰国後に計画変更して、日本最初の水力発電所が京都の蹴上《けあげ》に着工された。これによって、日本最初の電気鉄道が京都の街を走ることになった（以上、田村喜子氏著『京都インクライン物語』）。

蹴上と南禅寺の高低差三六メートルは、インクラインによって舟を上下させ、淀川からの物資が直接、琵琶湖に入ることになった。したがって、滋賀県側の近代化に果たした役割も、かならずしも小さくない。

大津県令から元老院議官に転出した籠手田はその後、島根県知事となる。そして、おりから松江中学教諭となったラフカディオ・ハーン（小泉八雲）と親交を結んだことは、ハーンの妻、小泉節子の回想録にも出ている。北垣は青年時に生野《いくの》の変で活動し、のち高知、徳島など自由民権運動の盛んな県の県令を歴任した。彼が疏水事業を、政府による上からの事業でなく、あくまで京都府民の自発的事業として設定し、その線に沿って粘り強く奔走したのは、民権運動をまのあたりに見てきた教訓であったという。

明治末年には第二疏水も完成し、舟運はトラック輸送が盛んになる昭和初年まで続いた。発電の比重はその後、低下し、もっぱら上水道の水源として利用されている。疏水にはいわゆる水利権が付属しているので、琵琶湖の南湖が干上がるような事態に及んでも、法的には滋賀県側は疏水を止めることはできない。そのかわり、第一疏水の放水量（毎秒八・二四トン）、第二疏水（一五・二八トン）に見合う疏水感謝金が京都市から滋賀県に毎年、支払われており、値上げされながら現在まで続いている。

襲われたロシア皇太子

琵琶湖疏水が完成した翌年の明治二十四年（一八九一）、ロシア皇太子ニコライ・アレクサンドロ（後のニコライ二世）が滋賀県を訪問した。皇太子は四月下旬、海路長崎に入ったが、この少し前、日本国内では奇怪な流言飛語が広まっていた。それは西南戦争（一八七七年）で死んだはずの西郷隆盛が、皇太子とともに日本に帰ってくるという噂である。この流言は、『日出新聞』『中外電報』などで繰り返し報道されていて、無責任な噂といいきれぬのであった。急激な近代化や欧化主義に反感を抱く一部の国民感情のなせるわざだったという。

大津での沿道警備を命ぜられていた巡査・津田三蔵は、西南戦争に従軍して活躍しており、勲七等を得ていた。「西郷が帰れば、われわれがもらった勲章も剝奪されてしまう。困ったことだ」と懊悩《おうのう》した津田は、しだいに常軌を逸した妄想にとらわれるようになった。

皇太子は長崎、鹿児島を経て五月九日、京都に入った。皇太子が鹿児島を訪れたことが、西郷伝説を再び流布させた。同月十一日、琵琶湖周辺の名勝を遊覧したのち、県庁で昼食の接待があり、午後一時半、人力車に分乗して京都に戻るため京町通を通過した。歓迎の町民らで、道幅が一間ほどに狭くなっていた。

警邏《けいら》にあたっていた津田は突然、抜刀し、皇太子の頭部めがけて斬りつけた。津田はただちに車夫らに取り押さえられたが、親善観光旅行は中断される大騒ぎとなった。皇太子はとりあえず近くの布屋に担ぎ込まれ、布で止血のあと県庁に戻ってロシア医師の手当てを受けた。傷は九センチ、七センチの二ヵ所で八針縫ったと伝えられるが、皇太子は思いのほか元気で、手当てのあと、たばこを吸ったともいう。犯行の動機を津田は「皇太子の観光は敵情視察であり、天皇謁見前の各地遊覧は不敬」と予備尋問で申し立てている。

ロシアは当時、列強中の大国で、皇太子への不祥事の出来《しゅったい》は、日本国中を恐怖に陥れた。急電に接した東京の松方正義内閣は御前会議のうえ、痛惜の念を表す勅語を発し、即日、北白川宮能久《よしひさ》親王、青木周蔵外相、西郷従道《つぐみち》内相らが医師団とともに京都へ急行した。翌日には、天皇自ら元勲の伊藤博文、黒田清隆を伴って西下し、十三日には親しくニコライを旅宿に見舞い、午後、列車に同乗して神戸に向かった。

十五日、京都で御前会議が開かれ、有栖川宮をロシアに謝罪使節として派遣することを決定する。また、十九日には神戸停泊中の露艦に天皇自ら見舞っている。そして同日午後、露艦は帰国の途に着き、皇太子の旅行は終わったが、問題は山積した。

守られた司法の独立

津田の取り調べは十三日、大津地裁で始まり、十六日には知事や警察の責任者は免官、月末から翌月にかけ、青木外相、西郷内相、山田顕義《あきよし》法相らが更迭された。政府は挙げてロシアの対日感情を和らげるべく狂奔したといえる。後藤象二郎、陸奥宗光らは津田の死刑を主張し、伊藤に対して、法的に面倒なら暗殺してしまえと圧力をかけ、伊藤も戒厳令を発しての大逆罪適用まで思い詰めていたという。

そんななか、大審院長・児島惟謙《いけん》は司法権の独立を守るために腐心し、担当判事を個別に呼びつけて大逆罪適用の不当を諭した。結局、五月十九日の深夜になって大津地裁で大審院の公判を開くことに決し、二十七日午後の判決で、津田には謀殺罪を適用して、無期徒刑とした（のちに死亡）。

政府はロシアの干渉を恐れたが、六月四日の駐露公使の公文では、ロシア皇帝が「判決に十分満足している」旨を伝えており、政府も愁眉を開いた。伊藤博文ら政府首脳は、この事件で近代における法の力をはじめて思い知らされ、この教訓が列強との不平等条約改正交渉にも生かされたという（『新修大津市史』）。

司法権の独立を守った人物として、児島の名は高いが、ことはそう単純でなかったらしい。まず、大津で特別法廷を開けという御前会議での決定が児島には不満であった。当時、大阪地裁判事だった斎藤竜の『廻瀾録』によれば、児島は斎藤の前で、誤った法適用をするくらいなら「犯人を刺殺する壮士はいないか」と口走り、斎藤はその暴論をたしなめて、「死をもって忠諫《ちゅうかん》すべし」と児島を説いたという。これによれば、児島が頑張って筋を通せたのは、背後に斎藤竜など硬骨の法律家がいたためと推測される。『廻瀾録』は最近、発見された史料という。

ニコライはその後、皇帝となり、日露戦争、第一次世界大戦、ロシア革命と激動の渦中を運命にもてあそばれた。レーニンの革命政府に捕らえられた皇帝一族が、ウラル山中に近いエカテリンブルクで虐殺されたのは、一九一八年のことだった。

あとがき

最初に湖国に足を踏み入れたのは、いつごろであったろう。小学校二、三年の頃、姉につれられて山中越（志賀峠）の道を京都から歩いて、峠から琵琶湖を眺めた時であったか。私の育った京都には、湖というものがなく、縹渺《ひょうびょう》たる湖水の印象は強烈であった。学生時代に山歩きをするようになってからは、比良山の稜線から、しばしば湖水の美しさを望み、また鴨長明の『方丈記』のひそみに倣《なら》って、笠取山、牛尾山《うしのお》あたり（山科盆地の東側の山）から歩いて、石山、大石辺を逍遥したこともある。

昭和四十五年（一九七〇）頃、私は霞ケ関の官庁街に勤務していて、激務の余暇、神田の古書肆《こしょし》で川勝政太郎著『近江』（社会思想社）を見出し、さっそく買い求め、いてもたってもいられないほど、近江に行きたくなった。もともと官庁の仕事が性に合っていなかったから、逃避といえばいえるかもしれない。京都への帰省ごとに湖東・湖南の古社寺をまわるうち、ますます宮仕えが嫌になり、とうとう役所を辞めることになった。三島由紀夫が市ケ谷で切腹した頃である。

大学院に入学して以降も、勉学に倦《う》むと電車で大津に出、皇子山《おうじやま》や法明院（フェノロサの墓地がある）から湖をぼんやり眺めるのが習いとなった。ついには、論文や研究書を携帯し、湖水を見ながら読書するのが、なによりの楽しみとなった。このあたりは、当時は観光地化も俗化もしておらず、静寂をきわめていた。

本書は産経新聞関西版で連載された「近江時空散歩」（二〇〇五年十月十三日～二〇〇七年一月三十一日・全六十回）を一冊にまとめたものである。

旧知の産経新聞の渡部裕明記者が、京都総局長となって赴任され、「近江時空散歩」連載の話を持ちかけられたのは一昨年（二〇〇五年）のことであった。渡部氏には、私に歴史を書かせ、考古・美術は別の執筆者を依頼する構想もあったらしいが、結局、私一人が全六十回の連載すべてを書くことになった。

渡部氏は記者として二十年来、私の研究を見ておられ、また近畿の各総局を歴任して、とくに考古・宗教・文化方面に造詣が深い。そんな氏から見れば、私が近江通史を書くのを危なっかしく思われたのかもしれない。取材のための現地旅行を、私に任せきりにせず、はじめのうちは「私も同行しますよ」と、デジカメを携えてついてこられた。慣れてくると、氏はレンタカーを借り、取材旅行と称し、一日で三、四箇所をまわった。本書で使った写真の大半は、そんな事情で渡部氏の撮影によるものである。

書籍化にあたっては、全体を時代順に配列しなおして「通史」の形式をとると同時に、コラムを本文に組み込むなどの修正をおこなった。また、新聞連載時の地図については、大幅に割愛し、巻頭に近江全体の地図を掲げることにした。

終わりに、御世話になったかたがたに謝辞を述べたい。

産経新聞大阪本社（現東京本社論説委員）谷口峰敏氏、京都総局長渡部裕明氏には、連載ならびに書籍化にあたり種々、御配慮いただいた。滋賀県立大学前学長西川幸治先生はいくつかの史蹟探訪に同道してくださり、御教示を賜った。本書が成るにあたっては講談社現代新書出版部の諸氏のお手をわずらわせた。また、史蹟所在地のかたがたには、ここでいちいち記さないが、それぞれに御世話になったことを申し添えておく。

二〇〇七年四月

今谷　明

講談社現代新書　1892

近江《おうみ》から日《に》本《ほん》史《し》を読《よ》み直《なお》す

二〇〇七年五月二〇日第一刷発行　二〇二〇年五月一四日第八刷発行

著者　今谷《いまたに》　明《あきら》　

発行者　渡瀬昌彦

発行所　株式会社講談社

東京都文京区音羽二丁目一二―二一　郵便番号一一二―八〇〇一

電話　〇三―五三九五―三五二一　編集（現代新書）

〇三―五三九五―四四一五　販売

〇三―五三九五―三六一五　業務

装幀者　中島英樹

印刷所　豊国印刷株式会社

製本所　株式会社国宝社　　定価はカバーに表示してあります　Printed in Japan

N.D.C.210.1　244p　18cm

ISBN978-4-06-149892-1

「講談社現代新書」の刊行にあたって

教養は万人が身をもって養い創造すべきものであって、一部の専門家の占有物として、ただ一方的に人々の手もとに配布され伝達されうるものではありません。

しかし、不幸にしてわが国の現状では、教養の重要な養いとなるべき書物は、ほとんど講壇からの天下りや単なる解説に終始し、知識技術を真剣に希求する青少年・学生・一般民衆の根本的な疑問や興味は、けっして十分に答えられ、解きほぐされ、手引きされることがありません。万人の内奥から発した真正の教養への芽ばえが、こうして放置され、むなしく滅びさる運命にゆだねられているのです。

このことは、中・高校だけで教育をおわる人々の成長をはばんでいるだけでなく、大学に進んだり、インテリと目されたりする人々の精神力の健康さえもむしばみ、わが国の文化の実質をまことに脆弱なものにしています。単なる博識以上の根強い思索力・判断力、および確かな技術にささえられた教養を必要とする日本の将来にとって、これは真剣に憂慮されなければならない事態であるといわなければなりません。

わたしたちの「講談社現代新書」は、この事態の克服を意図して計画されたものです。これによってわたしたちは、講壇からの天下りでもなく、単なる解説書でもない、もっぱら万人の魂に生ずる初発的かつ根本的な問題をとらえ、掘り起こし、手引きし、しかも最新の知識への展望を万人に確立させる書物を、新しく世の中に送り出したいと念願しています。

わたしたちは、創業以来民衆を対象とする啓蒙の仕事に専心してきた講談社にとって、これこそもっともふさわしい課題であり、伝統ある出版社としての義務でもあると考えているのです。

一九六四年四月　野間省一

日本史Ⅰ

1258 身分差別社会の真実——斎藤洋一 大石慎三郎
1265 七三一部隊——常石敬一
1292 日光東照宮の謎——高藤晴俊
1322 藤原氏千年——朧谷寿
1379 白村江——遠山美都男
1394 参勤交代——山本博文
1414 謎とき日本近現代史 野島博之
1599 戦争の日本近現代史 加藤陽子
1648 天皇と日本の起源 遠山美都男
1680 鉄道ひとつばなし——原武史
1702 日本史の考え方——石川晶康
1707 参謀本部と陸軍大学校 黒野耐
1797 「特攻」と日本人——保阪正康
1885 鉄道ひとつばなし2——原武史
1900 日中戦争——小林英夫
1918 日本人はなぜキツネにだまされなくなったのか 内山節
1924 東京裁判——日暮吉延
1931 幕臣たちの明治維新 安藤優一郎
1971 歴史と外交——東郷和彦
1982 皇軍兵士の日常生活 一ノ瀬俊也
2031 明治維新 1858-1881 坂野潤治 大野健一
2040 中世を道から読む——齋藤慎一
2089 占いと中世人——菅原正子
2095 鉄道ひとつばなし3——原武史
2098 戦前昭和の社会 1926-1945——井上寿一
2106 戦国誕生——渡邊大門
2109 「神道」の虚像と実像 井上寛司
2152 鉄道と国家——小牟田哲彦
2154 邪馬台国をとらえなおす——大塚初重
2190 戦前日本の安全保障——川田稔
2192 江戸の小判ゲーム——山室恭子
2196 藤原道長の日常生活 倉本一宏
2202 西郷隆盛と明治維新 坂野潤治
2248 城を攻める 城を守る——伊東潤
2272 昭和陸軍全史1——川田稔
2278 織田信長〈天下人〉の実像 金子拓
2284 ヌードと愛国——池川玲子
2299 日本海軍と政治——手嶋泰伸

宗教

世界の言語・文化・地理

F

世界史Ⅰ

世界史Ⅱ

959 東インド会社――浅田實
971 文化大革命――矢吹晋
1085 アラブとイスラエル　高橋和夫
1099 「民族」で読むアメリカ　野村達朗
1231 キング牧師とマルコムX　上坂昇
1306 モンゴル帝国の興亡〈上〉――杉山正明
1307 モンゴル帝国の興亡〈下〉――杉山正明
1366 新書アフリカ史――宮本正興・松田素二　編
1588 現代アラブの社会思想　池内恵
1746 中国の大盗賊・完全版――高島俊男
1761 中国文明の歴史――岡田英弘
1769 まんが　パレスチナ問題　山井教雄
1811 歴史を学ぶということ　入江昭
1932 都市計画の世界史――日端康雄
1966 〈満洲〉の歴史――小林英夫
2018 古代中国の虚像と実像　落合淳思
2025 まんが　現代史――山井教雄
2053 〈中東〉の考え方――酒井啓子
2120 居酒屋の世界史――下田淳
2182 おどろきの中国　橋爪大三郎・大澤真幸・宮台真司
2189 世界史の中のパレスチナ問題　臼杵陽
2257 歴史家が見る現代世界　入江昭
2301 高層建築物の世界史　大澤昭彦
2331 続　まんが　パレスチナ問題　山井教雄
2338 世界史を変えた薬　佐藤健太郎
2345 鄧小平――エズラ・F・ヴォーゲル　聞き手＝橋爪大三郎
2386 〈情報〉帝国の興亡――玉木俊明
2409 〈軍〉の中国史――澁谷由里
2410 入門　東南アジア近現代史　岩崎育夫
2445 珈琲の世界史――旦部幸博
2457 世界神話学入門――後藤明
2459 9・11後の現代史　酒井啓子

心理・精神医学

331 異常の構造――木村敏
590 家族関係を考える――河合隼雄
725 リーダーシップの心理学――国分康孝
824 森田療法――岩井寛
1011 自己変革の心理学――伊藤順康
1020 アイデンティティの心理学 鑪幹八郎
1044 〈自己発見〉の心理学 国分康孝
1241 心のメッセージを聴く 池見陽
1289 軽症うつ病――笠原嘉
1348 自殺の心理学――高橋祥友
1372 〈むなしさ〉の心理学 諸富祥彦
1376 子どものトラウマ――西澤哲
1465 トランスパーソナル心理学入門――諸富祥彦
1787 人生に意味はあるか 諸富祥彦
1827 他人を見下す若者たち 速水敏彦
1922 発達障害の子どもたち――杉山登志郎
1962 親子という病――香山リカ
1984 いじめの構造――内藤朝雄
2008 関係する女 所有する男――斎藤環
2030 がんを生きる――佐々木常雄
2044 母親はなぜ生きづらいか――香山リカ
2062 人間関係のレッスン 向後善之
2076 子ども虐待――西澤哲
2085 言葉と脳と心――山鳥重
2105 はじめての認知療法――大野裕
2116 発達障害のいま――杉山登志郎
2119 動きが心をつくる――春木豊
2143 アサーション入門――平木典子
2180 パーソナリティ障害とは何か――牛島定信
2231 精神医療ダークサイド 佐藤光展
2344 ヒトの本性――川合伸幸
2347 信頼学の教室――中谷内一也
2349 「脳疲労」社会――徳永雄一郎
2385 はじめての森田療法 北西憲二
2415 新版 うつ病をなおす 野村総一郎
2444 怒りを鎮める うまく謝る 川合伸幸

L

知的生活のヒント

文学

趣味・芸術・スポーツ

620 時刻表ひとり旅——宮脇俊三
676 酒の話——小泉武夫
1025 J・S・バッハ——礒山雅
1287 写真美術館へようこそ——飯沢耕太郎
1404 踏みはずす美術史——森村泰昌
1422 演劇入門——平田オリザ
1454 スポーツとは何か——玉木正之
1510 最強のプロ野球論——二宮清純
1653 これがビートルズだ 中山康樹
1723 演技と演出——平田オリザ
1765 科学する麻雀——とつげき東北
1808 ジャズの名盤入門——中山康樹
1890 「天才」の育て方——五嶋節
1915 ベートーヴェンの交響曲——金聖響 玉木正之
1941 プロ野球の一流たち 二宮清純
1970 ビートルズの謎——中山康樹
1990 ロマン派の交響曲——金聖響 玉木正之
2007 落語論——堀井憲一郎
2045 マイケル・ジャクソン——西寺郷太
2055 世界の野菜を旅する 玉村豊男
2058 浮世絵は語る——浅野秀剛
2113 なぜ僕はドキュメンタリーを撮るのか——想田和弘
2132 マーラーの交響曲——金聖響 玉木正之
2210 騎手の一分——藤田伸二
2214 ツール・ド・フランス 山口和幸
2221 歌舞伎 家と血と藝 中川右介
2270 ロックの歴史——中山康樹
2282 ふしぎな国道——佐藤健太郎
2296 ニッポンの音楽——佐々木敦
2366 人が集まる建築——仙田満
2378 不屈の棋士——大川慎太郎
2381 138億年の音楽史 浦久俊彦
2389 ピアニストは語る ヴァレリー・アファナシエフ
2393 現代美術コレクター 高橋龍太郎
2399 ヒットの崩壊——柴那典
2404 本物の名湯ベスト100 石川理夫
2424 タロットの秘密——鏡リュウジ
2446 ピアノの名曲——イリーナ・メジューエワ

日本語・日本文化